# fragen – suchen – entdecken 3/4

## Religion in der Grundschule
## Ausgabe S

## Für Südtirol: fragen – suchen – entdecken 3/4/5

Herausgegeben von
Lothar Kuld und Ludwig Rendle

Illustriert von Silke Reimers

Erarbeitet von
Birgit Deckert-Rudolph, Lucie Feistl, Rita Gelse,
Ute Lakner und Antonia Schlesinger



Unter Rückgriff auf
„fragen – suchen – entdecken 3. Neuausgabe“ und
„fragen – suchen – entdecken 4. Neuausgabe“
Herausgegeben von Barbara Ort und Ludwig Rendle
unter Mitarbeit von Rainer Oberthür
Erarbeitet von Ursula Heilmeier, Angelika Paintner,
Ludwig Sauter und Josef Schwaller

Kösel Schulbuch | Klett

fragen – suchen – entdecken 3|4 (für Südtirol: fragen – suchen – entdecken 3|4|5)
Religion in der Grundschule
Ausgabe S

Herausgegeben von
Lothar Kuld und Ludwig Rendle

Erarbeitet von
Birgit Deckert-Rudolph, Lucie Feistl, Rita Gelse,
Ute Lakner und Antonia Schlesinger

Zugelassen als Lehrbuch für den katholischen Religionsunterricht an Grundschulen von den Diözesanbischöfen von Freiburg i.Br., Mainz und Rottenburg-Stuttgart.
Zugelassen als Lehrbuch für den katholischen Religionsunterricht an Grundschulen in Rheinland-Pfalz und im Saarland durch die Diözesanbischöfe von Köln, Limburg, Mainz, Speyer, Trier.
Zugelassen als Lehrbuch für den katholischen Religionsunterricht an deutschsprachigen Grundschulen in Südtirol durch den Diözesanbischof von Bozen-Brixen.

Redaktion: Dietlind Grüne, Heidelberg
Notensatz: Holger Jeschke, Hamburg
Umschlag: Kaselow Design, München / Rosendahl, Berlin,
unter Verwendung von Illustrationen von Silke Reimers, Mainz
Layoutkonzept: René Fink, München
Technische Umsetzung: abavo GmbH, Buchloe

**www.cornelsen.de**
**www.klett.de**

1. Auflage, 1. Druck 2019



Druck: Grafisches Centrum Cuno GmbH & Co.KG, Calbe

ISBN 978-3-06-065575-5 (Cornelsen Verlag)
ISBN 978-3-12-007081-8 (Klett)
ISBN 978-88-6839-395-3 (Athesia; für den Vertrieb in Südtirol)

PEFC
PEFC/04-31-1370

PEFC zertifiziert
Dieses Produkt stammt aus nachhaltig bewirtschafteten Wäldern und kontrollierten Quellen.

www.pefc.de

# Liebe Schülerinnen, liebe Schüler!



Dieses Religionsbuch begleitet euch durch die nächsten Jahre der Grundschule.
Der Titel fragen – suchen – entdecken zeigt euch den Weg durch die einzelnen Kapitel. Ihr findet darin Bilder, Texte und viele anregende Aufgaben. Sie helfen euch, Fragen zu stellen, zum Beispiel:

- Was wissen wir über die Entstehung der Welt und des Menschen?
- Wie können wir über Gott sprechen?
- Was bringt Jesus Neues?
- Wie lernen wir mit Leid und Tod zu leben?
- Wie ist die Bibel entstanden?
- Was glauben unsere jüdischen und muslimischen Mitschülerinnen und Mitschüler?

Gemeinsam könnt ihr nach Antworten suchen und Lösungen für euch entdecken.
Auf den ersten Seiten findet ihr Vorschläge für Stille-Übungen. Probiert sie während des ganzen Schuljahres in immer neuen Variationen aus und ergänzt sie.

Die beiden folgenden Seiten mit den Überschriften „Fragen und Antworten suchen“ und „Was macht Menschen glücklich?“ stellen euch selbst in den Mittelpunkt und das, was euch wichtig ist. Auch sie wollen euch während des Schuljahres begleiten und zum Nachdenken anregen.
Schließlich haben wir für euch am Ende des Buches noch einige Hilfen für eure Arbeit zusammengestellt: Gebete-Seiten, eine Methoden-Werkstatt und ein Lexikon.

Wir wünschen euch viel Freude mit eurem Religionsbuch und interessante Religionsstunden.

*Die Lehrerinnen und Lehrer,*
*die dieses Buch verfasst haben*

# Inhalt

5

6

7

8

9

10

# Riechen und schmecken

Beschreibe, wie die Dinge auf dem Geburtstagstisch riechen und schmecken.

Halte eine Blume, ein Obst, ein Stück frisches Brot in deiner Hand. Rieche – schmecke – genieße!

Unternehmt einen Riechspaziergang: im Schulhaus, im Wald, auf dem Markt …

Die Weisen aus dem Morgenland machen Jesus mit Weihrauch ein „Duftgeschenk“. Lest in eurer Schulbibel die Geschichte. Besorgt euch Weihrauch. Probiert aus: Wie riecht er?

# Tasten und spüren

Wenn wir die Augen geschlossen haben, können wir auch mit unserer Haut etwas spüren, zum Beispiel die Wärme der Sonnenstrahlen oder einen Windhauch, die Nähe eines Menschen, unseren Atem, wenn wir die Hand vor die Nase halten. Mit Windhauch und Atem wird in der Bibel der Geist Gottes beschrieben.

Deshalb heißt es bei der Erschaffung des Menschen:

*Und er blies in seine Nase*
*den Atem des Lebens.*
*So wurde der Mensch lebendig.*
Nach Genesis 2,7

Beschreibt die Bilder. Ihr könnt die einzelnen Übungen selbst ausprobieren. Erzählt, wie ihr die Entdeckungsreise für Hände und Füße erlebt habt.

Setzt euch aufrecht auf euren Stuhl, schließt die Augen und spürt eurem Atem nach, wie er kommt und geht, ganz von allein. Er hält uns am Leben, ohne dass wir etwas tun müssen. Er ist wie ein Geschenk.

# Fragen und Antworten suchen

*Jedes Kind ist für Jesus gleich wertvoll. Jedes Kind hat ein Recht auf Leben.*

Johanna

*In der Tora* habe ich gelesen, dass Gott Menschen rettet und befreit, die unterdrückt wurden. Das lässt mich hoffen, wenn ich von Kriegen in der Welt höre.*

Ben

- Sammelt Fragen, die euch wichtig sind. Stellt sie auf einem Plakat zusammen.
- Wähle eine Frage von dieser Seite oder von eurem Plakat aus. Beantworte sie zunächst alleine, diskutiere dann deine Antwort mit den anderen, die die gleiche Frage ausgewählt haben. Stellt eure Ergebnisse in der Klasse vor.

*Ich glaube nicht an Gott. Manchmal denke ich darüber nach, woher eigentlich alles kommt.*

Jan

*Allah hat alles erschaffen. Deshalb bete ich mit meinen Eltern oft zu Allah.*

Fatih

*Christen glauben, dass sie wie Jesus von Gott auferweckt werden, wenn sie gestorben sind.*

Lea

- Johanna, Ben, Fatih und Lea entdecken für manche Fragen Antworten in ihrer Religion. Findet heraus, zu welcher Religionsgemeinschaft sie gehören.
- ? Untersucht, wie euch diese Antworten bei euren Fragen weiterhelfen.
- ? Diskutiert die Antwort von Jan.

# Was macht Menschen glücklich?

Schau dir die Bilder genau an. Beschreibe, was die Menschen glücklich macht.

Was macht dich glücklich? Tausche dich mit anderen darüber aus.

? Wenn du traurig bist – was hilft dir?

# Das kannst du im Religionsunterricht tun

Diese Zeichen geben an, wie du die Aufgaben bearbeiten kannst.

Bei Wörtern mit einem ➤ Pfeil kannst du auf den Seiten 150–153 nachsehen. Dort sind die Methoden genauer erklärt.
Bei Wörtern mit einem Sternchen* suchst du im Lexikon auf den Seiten 154–158.

- Suche etwas im Bild oder im Text. Schau genau.
- Male oder schreibe oder gestalte.
  Hier tust du etwas mit den Händen.
- Hier sprichst du.
  Oder du besprichst etwas mit anderen.
- Tu etwas mit der Gruppe.
- Besprecht eine Frage.
  Bei manchen Fragen muss man immer weiter fragen.
- Hier kannst du still werden, beten, feiern.
- Hier kannst du etwas Besonderes für dich gestalten.

# 1 Ich lebe mit anderen zusammen

# Jedes Kind erlebt die Welt anders

Mich freut, dass Lisa für ihr Bild einen Preis bekommen hat.

Um 14 Uhr habe ich Klavier. Mia beneidet mich darum. Danach muss ich zum Zahnarzt. Und Training habe ich heute auch noch! Dazwischen Hausaufgaben ... Und wann habe ich Zeit zum Spielen?

Max ist hingefallen. Da habe ich gelacht. Max war traurig. Ich wollte ihn aber nicht auslachen. Es tat mir leid und ich habe mich bei ihm entschuldigt.

Hallo Paul,
letzte Woche ist meine Oma gestorben. Heute ist die Beerdigung. Ich bin traurig und muss immer an sie denken.

Liebes Tagebuch!
Heute habe ich wieder eine 2 in Mathe bekommen. Ich habe es meiner Mama schon erzählt und eine Belohnung bekommen. Und Papa muss sich keine Sorgen mehr machen, auf welche Schule ich nach der vierten Klasse gehen kann.

Jedes Kind erlebt die Welt anders. Warum ist das so?

Betrachtet die Doppelseite. Wie geht es den Kindern auf den Bildern? Wählt zwei Bilder aus und formuliert Sprechblasen. Vergleicht sie miteinander.

Suche dir eine Textkarte aus. Wie fühlt sich das Kind? Drücke seine Gefühle in einer Knetfigur aus.

# Was mich ausmacht

## Sieben Seelen

*Ich will euch erzählen*
*von meinen sieben Seelen.*
*Die erste ist fleißig,*
*die zweite ist faul,*
*die dritte will reden,*
*die vierte hält's Maul,*
*die fünfte ist feige,*
*die sechste hat Mut,*
*die siebente mahnt sie:*
*Nun vertragt euch mal gut!*
*Meine sieben Seelen*
*sind so verschieden*
*wie du und ich.*
*Und doch ergeben sie*
*zusammen:*
*mich.*

Roswitha Fröhlich

Besprich dich mit deiner Banknachbarin, deinem Banknachbarn: Das finde ich in dem Gedicht lustig, seltsam; das verstehe ich nicht …

Stellt das Gedicht pantomimisch dar.

? Schaut euch das ➤ Bild auf Seite 13 an. Beschreibt, was ihr entdecken könnt. Passt das Bild zum Gedicht? Begründet.

Ein Wappen hat die Form eines Schildes. Es zeigt die Eigenschaften einer Person oder einer Familie an: Daran kann man sie erkennen, darauf sind sie stolz. Die Familie bringt ihr Wappen am Eingang des Hauses an. Auch Dörfer und Städte haben oft eigene Wappen.

- Betrachte die beiden Wappen. Was ist diesen Kindern wichtig?
- Gestalte dein eigenes Wappen mit deinen Eigenschaften und deinen Wünschen.
- Stellt eure Wappen im ➤ Museumsgang vor. Woran erkennt ihr das Wappen eines anderen Kindes?
- Ergänze die Aussagen: Das zeige ich gerne …, nicht gerne …

# Ich bin mal so und mal so

Lutz überspringt die unterste Stufe, eilt durch den Gang, wirft sich auf das Polster und schlägt lässig die Beine übereinander. Er sitzt im Bus, mit dem er jeden Mittag von der Schule nach Hause fährt.

Seine Tasche stellt er neben sich. Seine Hand gleitet zum Rand des Sitzes. Dort fühlt er etwas. Vorsichtig zieht er es heraus. Ein Portmonee!

Es steckte zwischen Buswand und Sitzseite. Lutz schaut sich um. Niemand beobachtet ihn. Die wenigen Fahrgäste dösen in der Mittagssonne. Der Bus fährt an.

Das Portmonee ist prallvoll. Eine Menge Geldscheine sind zu sehen. Große Scheine! Wenn er sie in seiner Tasche verschwinden ließe, niemand würde es bemerken.

Mit so viel Geld könnte er sich so manchen Traum erfüllen. Den Eltern brauchte er nichts zu sagen. Wenn er das Geld nicht mit einem Male ausgäbe, würden sie nichts bemerken.

Er muss das Portmonee nur in seiner Hosentasche verschwinden lassen und alles gehört ihm.

Lutz' Herz klopft, er atmet schwer.

Was soll er machen? Er hält viel Geld in seiner Hand. So viel wie noch nie!

Der Bus stoppt.

Lutz steht auf und geht zum Fahrer. „Entschuldigung", sagt er, „das habe ich gefunden!"

Der Busfahrer staunt. „Wenn so viel Geld abgegeben wird", erklärt er, „mache ich ein Protokoll."

Er bittet einen Fahrgast hinzu.

Gemeinsam zählen sie die Scheine. Der Mann legt Lutz anerkennend die Hand auf die Schulter. „Es ist gut", sagt er, „dass es noch ehrliche Finder gibt."

„Am besten", meint der Busfahrer, weil die Zeit drängt, „du gibst mir deine Monatskarte, dann schreibe ich für das Protokoll die Personalien ab."

Lutz kann sie ihm nicht zeigen, er hat keine.

Heribert Haberhausen

Stell dir vor: Du hast mit Lutz das Geld gefunden. Was geht dir durch den Kopf? Tauscht euch aus.

Spielt das Gespräch, die Szene zwischen Lutz, dem Fahrgast und dem Busfahrer in Gruppen weiter.

Mal streite ich mit anderen, mal spiele ich mit ihnen.
Mal ...
Überlege weitere Sätze.

Diskutiert in der Gruppe, warum sich die Kinder mal so und mal so verhalten.

Erzählt von Situationen, in denen ihr schon so etwas erlebt habt.

## Der Armreif

Silvia hat Geburtstag. Sie hat fast die ganze Klasse zu ihrem Fest eingeladen. Silvia bekommt sehr viele Geschenke, aber am besten gefällt ihr der silberne Armreif, den ihr der Vater von einer Geschäftsreise aus der Türkei mitgebracht hat. Alle bestaunen das glitzernde Schmuckstück, besonders aber interessiert sich Aysun, ein türkisches Mädchen, dafür. Sie ist stolz, dass das schönste Geburtstagsgeschenk aus ihrer Heimat kommt. Die Kinder spielen den ganzen Nachmittag ausgelassen im Garten, es ist ein richtig lustiges Fest. Doch plötzlich ruft Silvia: „Wo ist mein silberner Armreif? Ich habe ihn vorhin auf den Tisch gelegt und nun ist er weg!" Alle Kinder suchen aufgeregt nach dem Schmuckstück. Doch es lässt sich nicht finden. Da kommt jemand auf die Idee: „Vielleicht hat Aysun den Armreif genommen?" Und auf einmal sagen immer mehr Kinder: „Ja, sie hat sich doch so sehr dafür interessiert."
Aysun versichert immer wieder: „Ich habe den Armreif nicht." Aber die anderen Kinder lassen sie nicht in Ruhe. Schließlich verlässt das Mädchen mit Tränen in den Augen das Fest. Abends räumt Silvia mit ihrer Mutter auf. Plötzlich sagt ihre Mutter: „Schau mal, was hier ist – der Armreif!" Silvia bekommt einen roten Kopf ...

? Überlege: Was schreibt Aysun abends in ihr Tagebuch?

Erzähle von einer Situation, in der du ungerecht behandelt wurdest.

? Besprecht: Was denkt und fühlt Silvia?

Erzähle von einer Situation, in der sich jemand von dir ungerecht behandelt gefühlt hat.

Am nächsten Morgen stehen die Mädchen und Jungen, die bei der Geburtstagsfeier dabei waren, im Pausenhof zusammen und diskutieren.
Auch Aysun geht noch vieles durch den Kopf.

Stellt die Szene oben als Standbild dar und lasst die Kinder sprechen. Was erzählt Silvia? Was sagen die anderen Kinder? Was denkt Aysun?

Schreibe einen Dialog zwischen den Kindern, wie die Situation deiner Meinung nach enden sollte.

# Wie Zusammenleben gelingen kann

Wie möchtest du von anderen behandelt werden? Ergänze die Aussagen.

Drehe die Sprechblasen um. Schreibe auf, wie andere von dir behandelt werden möchten.

Vergleicht die unterschiedlichen Wünsche. Formuliert eure Beobachtungen in einem Satz.

## Lisas Entscheidung

Lisa hat Claudia, die neu in die Klasse gekommen ist, versprochen, dass sie sich heute Nachmittag um drei Uhr zum Spielen treffen. Sie haben lange nach dem Termin gesucht. Claudia hat Lisa in der Schule gesagt, dass sie sich sehr darauf freue, dass Lisa zu ihr komme. Beim Mittagessen erhält Lisa von ihrer besten Freundin Anna eine Nachricht auf dem Handy: „Hallo Lisa, ich habe zwei Karten für die Zirkusvorstellung heute Nachmittag. Gehst du mit? Liebe Grüße, Anna.“
Lisa überlegt, was sie tun soll.

### Jesus sagt:

*Alles, was ihr von anderen erwartet, das tut auch ihnen.*

Nach Matthäus 7,12
(„Goldene Regel“)

*Ein Gesetzeslehrer* fragte Jesus: „Meister, welches Gebot ist das wichtigste?“*
*Jesus antwortete: „Du sollst den Herrn, deinen Gott, lieben mit ganzem Herzen, mit ganzer Seele und mit all deinen Gedanken. Das ist das wichtigste und erste Gebot. Ebenso wichtig ist das zweite: Du sollst deinen Nächsten lieben wie dich selbst. Diese beiden Gebote halten alle Gebote zusammen.“*

Nach Matthäus 22,34–40

- Besprecht, was Lisa tun soll.
- ? Diskutiert, wie die „Goldene Regel“ und das Gebot, den Nächsten zu lieben, Lisa und den Kindern auf Seite 22 helfen können.
- ? Überlege, warum die Goldene Regel „golden“ genannt wird.
- Auch andere Religionen haben die Goldene Regel. Schlagt nach auf Seite 143.

# Nachdenken – mitfühlen – handeln

## Manchmal bin ich fröhlich!

T: Susanne Brandt / M: Reinhard Horn

2. Manchmal bin ich fröhlich,
sing mein Lieblingslied,
seh, dass so viel Schönes
ringsherum geschieht.

3. Manchmal bin ich ängstlich,
trau mir gar nichts zu,
glaube, dass ich immer
nur das Falsche tu.

- Schreibe Strophen, die etwas von dir erzählen: Manchmal …
- Bildet Gruppen und verteilt die Strophen. Findet Bewegungen zu eurer Strophe und stellt sie den anderen vor.
- Singt gemeinsam das Lied mit allen Bewegungen.
- Nimm einen Stift und gestalte ein Bild wie auf Seite 13. Dabei darfst du zunächst den Stift nicht absetzen. Male nun die einzelnen Felder passend an. Wähle dabei eigene Gesichter, die du manchmal zeigst.
- „Wenn sich alle in unserer Klasse an die Goldene Regel halten würden, dann …“ Ergänzt den Satz.

## Ich bin gefragt

- **Das habe ich verstanden und neu gelernt.**
- **Das hat mir besonders gefallen.**
- **Dazu möchte ich noch mehr wissen oder etwas gestalten.**

# 2 Wir leben in Gottes Welt

# Über das Universum staunen

- Wenn wir nachts die Sterne funkeln sehen, ist ihr Licht schon viele Jahre unterwegs.
- Ein Lichtstrahl ist so schnell, dass er in einer Sekunde mehr als siebenmal die Erde umrunden kann.
- Vom Polarstern, der auf diesem Bild zu sehen ist, braucht das Licht ungefähr 400 Jahre bis zu uns auf der Erde.

Schaut am Abend zum Himmel und versucht die Sterne zu zählen. Erzählt einander von euren Erfahrungen.

Betrachtet das Bild. Welche neuen Gedanken habt ihr, wenn ihr die Sätze über das Licht dazu lest? Tauscht euch aus.

Bettina: Vati, was ist denn hinter dem Himmel?

Vater: Da ist das Universum, von dem wir nicht wissen, wo es ein Ende hat und ob es überhaupt ein Ende hat – ein Raum, in dem unzählige Sonnen und Planeten kreisen.

Bettina: Gibt es denn mehr als eine Sonne?

Vater: Es gibt zahllose Sonnen. Wir können nur nicht alle sehen. Und es gibt Milliarden von Planeten, kleiner und größer als unsere Erde.

Bettina: Aber wie können die denn alle noch Platz im Universum haben? Unsere Erde ist doch so riesig!

Vater: Das scheint uns nur so, weil wir viel kleiner als die Erde sind. Unser Planet, auf dem wir uns zu Hause fühlen, ist nur wie ein Staubkorn im Universum.

Bettina: Wie ein Staubkorn? Wie groß muss da das Universum sein! Aber wir sind genau in seinem Mittelpunkt, nicht wahr?

Vater: Wir wissen nicht, wo der Mittelpunkt des Universums ist. Von dir aus gesehen bist jedenfalls du der Mittelpunkt.

Bettina: Wenn aber unsere Erde nur ein Staubkorn mitten im Universum ist – was sind dann wir?

Vater: Es kommt darauf an, wie man's betrachtet. Im Universum sind wir fast ein Nichts.

Gudrun Pausewang

*Was ist der Mensch, dass du an ihn denkst?*
*Des Menschen Kind, dass du dich seiner annimmst?*
*Du hast ihn nur wenig geringer gemacht als Gott,*
*hast ihn mit Herrlichkeit gekrönt.*

Nach Psalm 8,5–6

Wissenschaftlerinnen und Wissenschaftler beobachten die Sterne, um zu erforschen, wie das Universum entstanden ist. Sucht Informationen dazu und gestaltet ein Plakat.

? Im Universum sind wir fast ein Nichts, sagt der Vater von Bettina. Lest dazu Psalm 8. Stellt beide Aussagen einander gegenüber und vergleicht sie.

# Gottes Bild vom Menschen

Am Abend holt Bettinas Papa die Bibel hervor. Gemeinsam lesen sie auf den ersten Seiten das Loblied von Gottes Schöpfung. Sie möchten wissen, was dort über uns Menschen erzählt wird.

Betrachtet das Bild. Es ist aus vielen Ausschnitten zusammengesetzt. Was entdeckt ihr? Tauscht euch aus.

## Aus dem Schöpfungslied

*Dann sprach Gott: „Lasst uns Menschen machen. Sie sollen mir ähnlich sein. Sie sollen herrschen über die ganze Erde und über alle Tiere im Wasser, am Himmel und auf dem Land.“*
*Gott schuf also den Menschen nach seinem Bild, als ein Abbild Gottes schuf er ihn. Als Mann und Frau schuf er sie.*
*Gott segnete sie und sprach zu ihnen: „Seid fruchtbar und vermehrt euch. Bevölkert die Erde. Kümmert euch um die Fische des Meeres, um die Vögel des Himmels und um alle Tiere, die auf dem Land leben.“*
*Dann sprach Gott: „Hiermit vertraue ich euch alle Pflanzen auf der ganzen Erde an. Sie sollen euch und allen Tieren zur Nahrung dienen.“*
*So geschah es. Gott sah alles an, was er gemacht hatte: Es war sehr gut.*
*Es wurde Abend und es wurde Morgen: der sechste Tag.*

*Am siebten Tag beendete Gott sein Werk und er ruhte. Gott segnete den siebten Tag und heiligte ihn.*

Nach Genesis 1,26–2,4

Besprecht: Welche Sätze im Bibeltext passen zum Bild auf Seite 28?

Schreibe oder sprich den Satz weiter: „Wenn wir Gottes Bild sind, ...“

Gott gab den Menschen einen Auftrag. Suche diesen im Bibeltext. Schreibe ihn ab und zeichne dazu, wie jemand diesen Auftrag erfüllt.

Gestalte den sechsten Tag der Schöpfung mit dir in der Mitte. Schau dir dazu das Bild auf dieser Seite an.

# Noach und der Regenbogen

*Die Menschen auf der Erde taten immer mehr Böses. Sie kümmerten sich nicht mehr um Gott und um die Mitmenschen. Nur Noach war ein Freund Gottes. Er war gerecht und gut. Gott sprach zu ihm: „Eine große Flut wird kommen und alles vernichten. Bau eine Arche und lege einen Essensvorrat an. Geh mit deiner Familie in die Arche. Nimm von allen Tieren je zwei mit.“ Noach tat, was Gott ihm gesagt hatte. Es regnete 40 Tage und 40 Nächte. Alles Land wurde überflutet. Noach, seine Familie und die Tiere waren in der Arche geborgen. Dann sandte Noach eine Taube aus. Sie brachte einen grünen Zweig mit. Da öffnete Noach die Tür und siehe: Die Erde war trocken. Er verließ die Arche mit seiner Familie und allen Tieren. Noach baute einen Altar und dankte Gott. Gott segnete Noach und sprach: „Ich schließe einen Bund mit euch: Nie wieder soll eine so große Flut kommen und alles vernichten. Der Regenbogen soll das Zeichen für mein Versprechen sein: Ich verlasse euch nicht.“*

Nach Genesis 6 bis 9

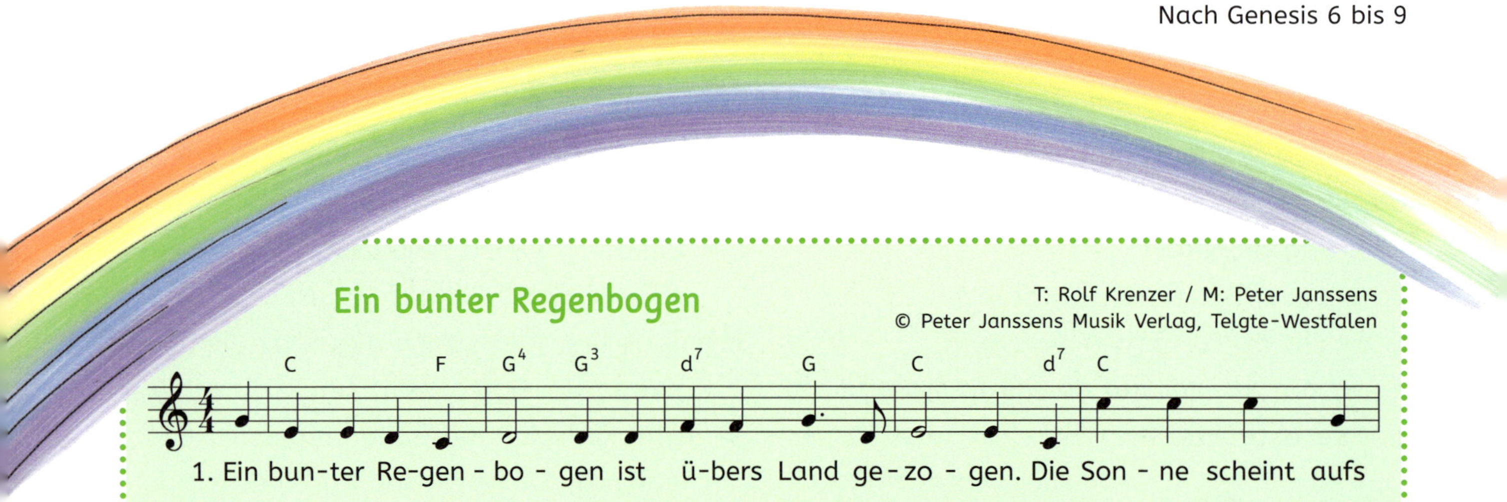

## Ein bunter Regenbogen

T: Rolf Krenzer / M: Peter Janssens


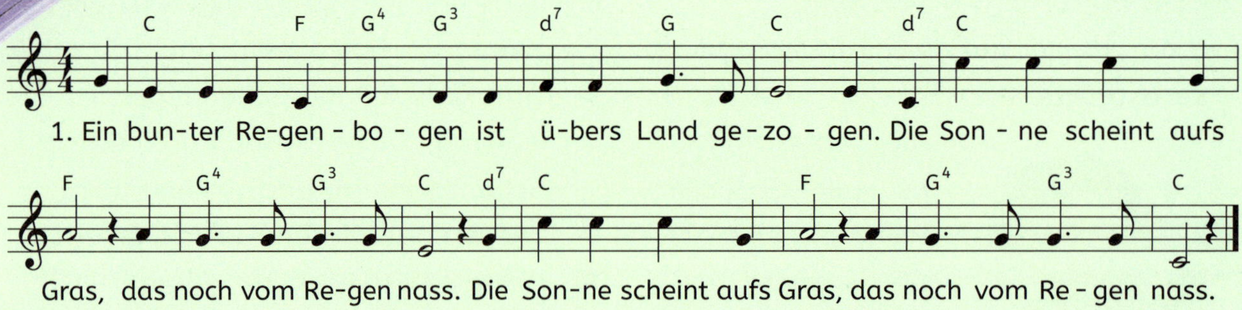


2. Ein bunter Regenbogen ist übers Land gezogen.
Und alle bleiben stehn, um ihn sich anzusehn.

3. Ein bunter Regenbogen ist übers Land gezogen.
Damit ihr alle wisst, dass Gott uns nicht vergisst.

Suche Sätze aus dem Text, die zum Bild passen.

Gestalte einen Regenbogen. Schreibe hinein, was Gott uns Menschen verspricht. Dichte eine weitere Strophe für das Lied.

Noach erzählt seiner Familie: „Die Taube hat einen grünen Zweig gebracht.“ Wie reagiert die Familie? Stellt ein Standbild. Dann lasst die einzelnen Personen sprechen.

# Wie Menschen heute in Gottes Welt leben

Gebt Bildern, die zusammengehören, eine Überschrift. Ihr könnt auch Gegensatzpaare bilden und dazu ebenfalls eine Überschrift finden.

Beherrschen, ausbeuten, bewahren, behüten, wertschätzen, geringschätzen, erfinden, zerstören, sich kümmern … Ordnet die Wörter den entsprechenden Bildern im Buch zu.

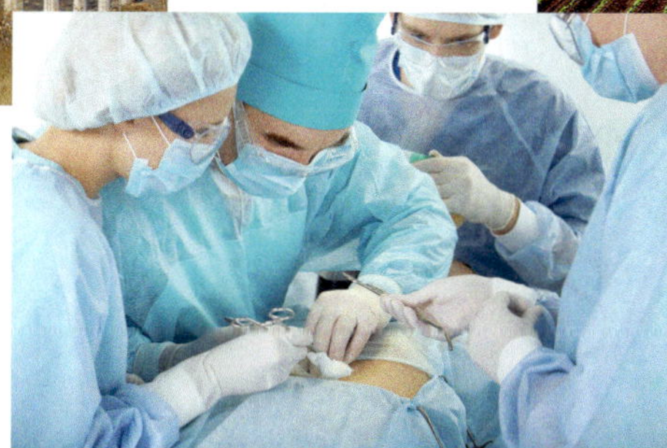

Sucht weitere Bilder, die zu diesen Wörtern passen. Gestaltet Plakate mit von euch ausgewählten Wörtern und Bildern.

Vergleicht die Bilder mit dem Schöpfungsauftrag an die Menschen (siehe Seite 29). Welche Bilder entsprechen diesem Auftrag? Welche nicht? Diskutiert.

# Verantwortlich handeln – sich kümmern

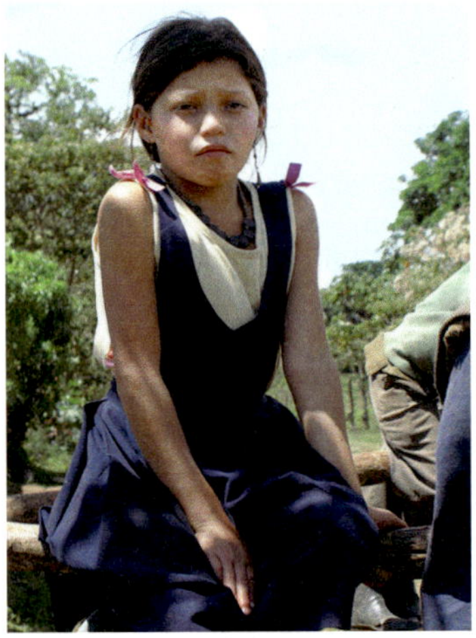

*Joelma ist 13 Jahre alt und lebt mit ihrer Familie in Nicaragua. Ihre Eltern arbeiten auf einer großen Kakao-Plantage. Auch Joelma muss mit ihren fünf Geschwistern mithelfen.*

Auf der Plantage steht ein Kakaobaum neben dem anderen. Die Früchte des Kakaobaums sind rotbraun und groß wie eine Melone. Sie wachsen direkt am Stamm und fühlen sich hart an. Junge Männer schneiden die Kakaofrüchte mit langen, scharfen Messern vom Baum ab. Mit anderen Frauen und Mädchen sammelt Joelma die heruntergefallenen Früchte ein. Sie tragen die schweren Körbe auf ihrem Kopf zur Sammelstelle. Dort schlägt Joelma die Kakaofrüchte mit einem großen Messer auf, um die Samen herauszupulen. Das sind die Kakaobohnen. In der prallen Sonne ist es sehr heiß. An manchen Tagen muss Joelma ihrem Bruder Paolo helfen, ein giftiges Mittel gegen Schädlinge auf die Kakaofrüchte zu sprühen. Es juckt und brennt überall – am schlimmsten in den Augen, in der Nase und im Mund.
Joelma muss morgens um 5 Uhr aufstehen. Zu Fuß geht sie mit ihren Eltern den sechs Kilometer weiten Weg zur Plantage. Dort arbeitet sie jeden Tag fast 12 Stunden. Viel lieber würde sie zur Schule gehen. Joelma kann weder lesen noch schreiben. Oft macht sie das sehr traurig. Sie würde gerne in der Stadt wohnen, mit anderen Jugendlichen etwas unternehmen und später in einem Büro arbeiten – mit einer geregelten Arbeitszeit und einem gerechten Arbeitsvertrag.
Aber sie hat keine Wahl. Ihre Mutter, ihr Vater, alle ihre Geschwister und sie selbst müssen auf der Kakaoplantage arbeiten. Denn nur zusammen können sie genug Geld verdienen, um zu überleben.

Lege eine Tabelle an: Schreibe auf die linke Seite deinen Tagesablauf, auf die rechte Seite den Tagesablauf von Joelma. Schreibe darunter den größten Wunsch von Joelma und von dir.

Besprecht miteinander: Wer hilft dir, deinen Wunsch zu erfüllen? Wer kann Joelma helfen, ihren Wunsch zu erfüllen?

## Beim Einkaufen

Paul und Tina sind mit ihrer Mutter beim Einkaufen. Sie dürfen sich Schokolade aussuchen. Seit sie in der Schule erfahren haben, dass viele Arbeiter und auch Kinder unter schlimmen Bedingungen auf Kakao-Plantagen arbeiten müssen, suchen sie nach Produkten mit dem Fair-Siegel.

„Fair“ ist englisch und bedeutet so viel wie „anständig“ oder „ordentlich“. Das ist „fair“, sagt man, wenn alle gerecht behandelt werden.

Fairer Handel kann die Situation der Kakaobauern verbessern. Wenn die Händler den Bauern einen gerechten Preis für ihren Kakao und ihre Arbeit bezahlen, verdienen sie so viel Geld, dass es zum Leben reicht. Dann können die Familien ihre Kinder auch zur Schule schicken.

Außerdem müssen die Arbeiter nicht unter gefährlichen und unmenschlichen Bedingungen arbeiten. Das alles ist fair! Die Fair-Siegel zeigen das.

*Faire Produkte erkennst du an den Fair-Siegeln.*

FAIRTRADE®

Naturland Fair

? Erkundigt euch, welche Geschäfte in eurer Umgebung Fair-Produkte anbieten. Welche Fair-Produkte kannst du dort finden?

Sammelt die Vorteile, die der Kauf von Fair-Produkten für Menschen wie Joelma hat.

Ladet eine Expertin oder einen Experten für Fair-Produkte ein. Führt ein ➤ Interview und schreibt euch alle Informationen auf.

Gestaltet eine Stellwand zu dem Thema. Informiert andere.

# Nachdenken – mitfühlen – handeln

Stellt einen Stuhl für die Naturwissenschaft vor die Tafel und daneben einen zweiten für die Bibel. Wenn du eine Antwort von der Naturwissenschaft erwartest, setze dich auf den Stuhl der Naturwissenschaft. Erwartest du eine Antwort, die in der Bibel zu finden ist, setze dich auf den Stuhl, der für die Bibel steht. Beantwortet folgende Fragen:

- Seit wann gibt es Menschen auf der Erde?
- Warum bin ich auf der Welt?
- Wie schnell fliegt ein Lichtstrahl?
- Wie groß ist das Weltall?
- Hat der Mensch eine Würde?
- …

Viele Menschen leben in Armut, in Kriegsgebieten, hungern oder haben kein sauberes Wasser. Manche Menschen sagen: „Da kann ich doch nichts machen." Diskutiert darüber.

Pflanzen, Tiere und Menschen sind nach dem Schöpfungslied der Bibel von Gott geschaffen. Sie sind zu achten und zu schützen. Schreibe mithilfe der ➤ Placemat-Methode auf: Rechte für Kinder – Rechte für Fremde – Schutz der Tiere – Schutz der Pflanzen.

Im Bild auf Seite 25 zeigt der Künstler, dass Gott in seiner Schöpfung da ist. Sucht zu zweit Stellen im Bild, an denen ihr das erkennen könnt.

Plant mit der evangelischen Gruppe einen Schöpfungsgottesdienst. Überlegt, welche Texte, Lieder und Materialien ihr dazu verwenden könnt.

## Ich bin gefragt

- **Das habe ich verstanden und neu gelernt.**
- **Das hat mir besonders gefallen.**
- **Dazu möchte ich noch mehr wissen oder etwas gestalten.**

# 3 Menschen erfahren Gott



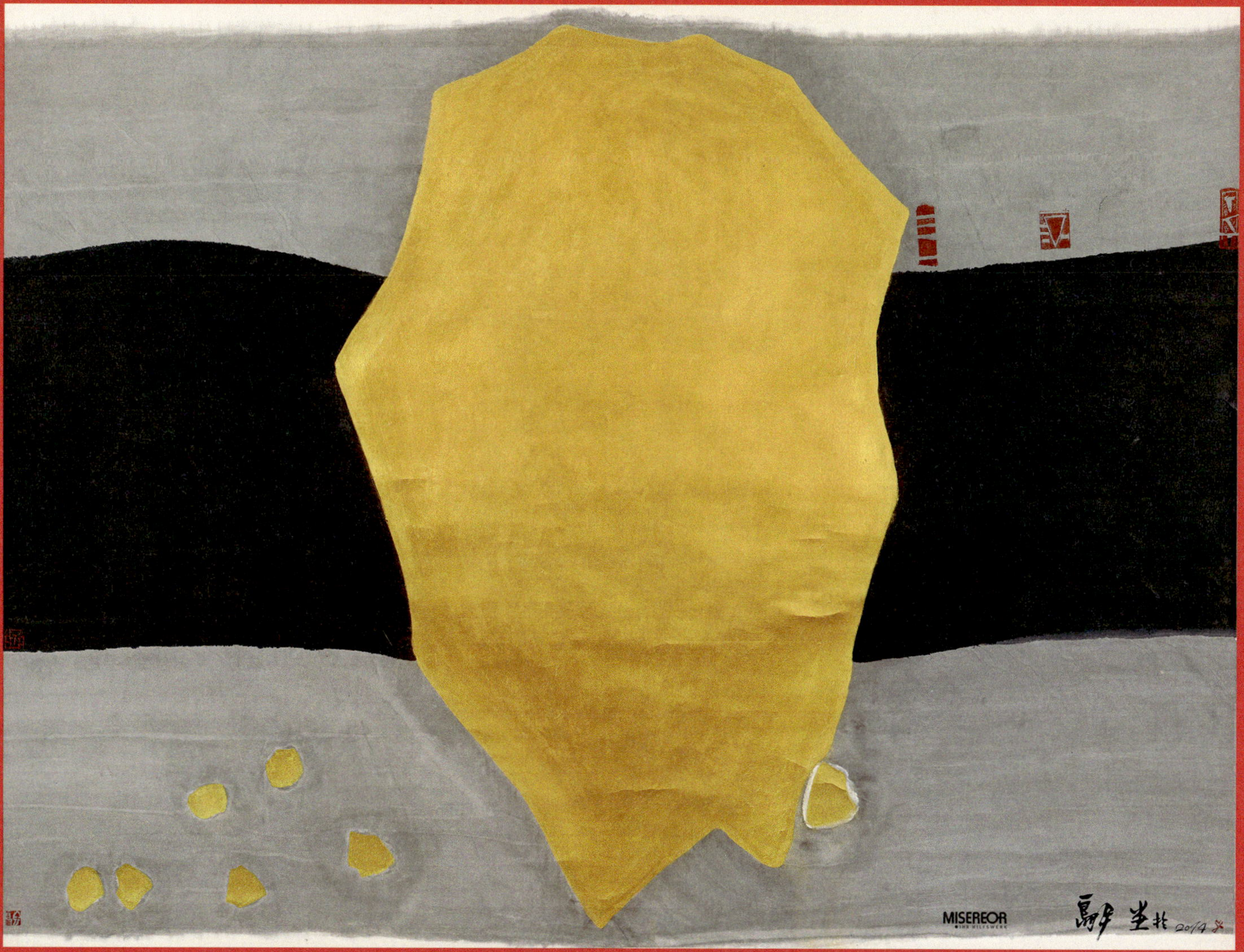

# Unrecht erleben – in Streit geraten

Ich bin wütend …

Ich bin sprachlos …

Das verletzt mich …

Ich bin traurig …

Ich bin enttäuscht …

Das tut mir weh …

Wähle eine Bildkarte und eine Wortkarte. Erzähle dazu eine Geschichte. Du kannst schreiben oder malen.

Stellt eines der Gefühle mit eurer Körperhaltung dar. Zeigt sie den anderen.

## Jakob und Esau

*Abrahams Sohn Isaak heiratet Rebekka. Sie bringt Zwillinge zur Welt, Esau und Jakob. Esau wird als Erster geboren. Er wird Jäger. Er ist der Lieblingssohn von Isaak. Jakob, der Jüngere, ist der Lieblingssohn von Rebekka. Er ist Hirte und bleibt bei den Zelten.*

*Einmal kommt Esau hungrig vom Feld. Er bittet Jakob: „Gib mir von deinem Linsengericht zu essen. Ich sterbe vor Hunger."*

*Jakob antwortet: „Gib mir zuerst dein Erstgeburtsrecht*."*

*Esau gibt Jakob die Rechte des Erstgeborenen und Jakob gibt ihm von seinem Linsengericht zu essen.*

*Als Vater Isaak alt und blind geworden ist, möchte er seinen älteren Sohn Esau noch vor seinem Tod segnen. Rebekka aber will, dass Jakob den Segen Isaaks erhalten soll. So heckt sie mit Jakob einen Plan aus, um Isaak zu täuschen: Sie gibt Jakob die Festtagskleider von Esau und legt ihm das Fell einer Ziege um Hals und Hände, denn Esau ist behaart.*

*So geht Jakob zu seinem Vater Isaak und sagt: „Ich bin Esau, dein Erstgeborener."*

*Isaak betastet Jakob und segnet ihn: „Gott gebe dir Korn und Trauben in Fülle. Die Völker sollen dir dienen. Herr sollst du über deine Brüder sein. Gesegnet sei, wer dich segnet."*

*Als Esau von der Jagd kommt und ebenfalls von seinem Vater gesegnet werden will, merkt Isaak, dass Rebekka und Jakob ihn überlistet haben. Da schreit Esau wütend: „Zweimal hat er mich betrogen! Das Recht des Erstgeborenen hat er mir genommen. Jetzt nimmt er mir auch noch den Segen des Vaters!"*

*Und Esau hasst Jakob. Er denkt bei sich: „Wenn mein Vater Isaak tot ist, werde ich Jakob umbringen."*

Nach Genesis 25 bis 27

- Stellt für Isaak, Rebekka, Esau und Jakob Spielfiguren so auf, dass man sieht, wer wen besonders mag.
- Schreibt ihre Gefühle und Gedanken in Denkblasen. Legt diese zu den Figuren.
- Diskutiert das Verhalten von Isaak, Rebekka, Esau und Jakob: Welche Wünsche haben sie? Was tun sie, um an ihr Ziel zu kommen? Wodurch haben sie zum Streit beigetragen?

# Jakob erfährt Gott

*Jakob hat seinen Vater Isaak getäuscht*
*und seinen Bruder Esau betrogen.*
*Jetzt fürchtet er um sein Leben.*
*Er flieht in ein fremdes Land.*
*Die Sonne ist untergegangen.*
*Jakob legt seinen Kopf auf einen Stein und schläft ein.*
*Er träumt:*
*Er sieht eine Leiter zwischen Himmel und Erde.*
*Engel steigen auf der Leiter auf und nieder.*
*Ganz oben steht Gott. Er sagt zu Jakob:*

*„Ich bin der Herr, der Gott Abrahams und der Gott Isaaks.*
*Ich gebe dir und deinen Nachkommen das Land,*
*auf dem du liegst.*
*Ich bin mit dir.*
*Ich behüte dich, wohin du auch gehst.*
*Ich verlasse dich nicht.“*

*Jakob erwacht und sagt: „Wirklich, Gott ist an diesem Ort*
*und ich wusste es nicht.“*
*Er fürchtet sich und sagt: „Dieser Ort ist heilig*!*
*Hier ist das Haus Gottes.“*
*Jakob nimmt den Stein, stellt ihn auf und gießt Öl darauf.*
*Er nennt den Ort Bet-El, das heißt Haus Gottes.*

Nach Genesis 28,12–19

? Was befürchtet Jakob? Schreibe seine Ängste auf einen „Stein“ aus Tonpapier.

Besprecht: Was hat Jakob im Traum über Gott erfahren?

Male die Leiter aus dem Traum. Schreibe die Versprechen Gottes zwischen die Sprossen. Den „Stein“ mit Jakobs Ängsten klebst du an den Fuß der Leiter.

Beschreibe das ➤ Bild von Marc Chagall.

Besprecht: Wie wird die Geschichte im Bild dargestellt?

★ Wovor fürchtest du dich? Schreibe es auf einen Stein. Welches Versprechen Gottes kann dir dann helfen? Schreibe es auf Goldfolie. Wickle den Stein in die Folie.

# Aufeinander zugehen – sich versöhnen

*Zwanzig Jahre lang lebt Jakob im fremden Land. Er hat eine große Familie bekommen.*

*Aber er sehnt sich auch nach Hause zurück. Ob sein Bruder Esau ihm noch böse ist?*

*Da spricht Gott zu ihm: „Kehre zurück in deine Heimat.“ Jakob steht in der Nacht auf und bringt die Frauen, seine Kinder und seine Tierherden über den Fluss Jabbok.*

*Er selbst bleibt zurück in der Stille und in der Dunkelheit.*

*Da kommt jemand und kämpft mit ihm. Sie ringen die ganze Nacht bis zum frühen Morgen.*

*Der Fremde schlägt Jakob auf die Hüfte. Er sagt: „Lass mich los!“ Jakob hält die Gestalt fest und bittet: „Segne mich!“ Er spürt, dass ihm hier Gott geheimnisvoll begegnet.*

*Der Fremde antwortet: „Du sollst nicht mehr Jakob heißen, sondern Israel.“ Das bedeutet „Streiter Gottes“. Dann segnet er ihn. Aber von nun an hinkt Jakob.*

*Jakob geht jetzt voll Zuversicht Esau entgegen. Er verbeugt sich siebenmal vor ihm.*

*Esau hat seinen Bruder schon erwartet. 400 Männer stehen hinter ihm. Esau geht auf Jakob zu, umarmt ihn und küsst ihn. Beide weinen. Auch die Frauen und Kinder kommen näher und verneigen sich vor Esau. Jakob will seinem Bruder Geschenke machen. Esau sagt: „Ich habe selbst genug, Bruder. Behalte, was dir gehört.“ Jakob und Esau versöhnen sich. Jakob zieht weiter in eine andere Gegend, um Weideland für seine Herde zu suchen.*

Nach Genesis 32 bis 33

- Besprecht: Wie verändert die Begegnung mit Gott Jakob?
- Gestalte jeweils ein Bild mit Legematerialien zu den Themen „Streiten“ und „Sich versöhnen“.
- Wie könnten Jakob oder Esau jetzt mit Gott sprechen? Schreibe ein Gebet. Beginne: „Gott, ich bin froh …“
- Schreibt Worte der Versöhnung auf Sprechblasen. Findet Gesten der Versöhnung und fotografiert sie. Gestaltet damit ein Plakat für euer Klassenzimmer.

Legt mit der ➤ Think-pair-share-Methode einen Weg der Versöhnung. Wählt dazu Sätze aus. Schreibt sie auf Kärtchen und ergänzt sie.

# David ist von Gott erwählt

*Gott spricht zum Propheten* Samuel: „Nimm Salböl und gehe nach Betlehem. Ich habe dort einen von Isais Söhnen zum König erwählt.“ Als Samuel ankommt, stellt ihm Isai sieben Söhne vor. Samuel schaut den Ältesten an. Er denkt: Das ist er, ihn soll ich zum König salben. Gott aber spricht: „Sieh nicht auf seine große Gestalt! Ich habe ihn nicht erwählt. Denn Gott sieht nicht auf das, was der Mensch mit den Augen sieht. Gott sieht auf das Herz.“ Nun ruft Isai den zweiten Sohn und führt ihn zu Samuel. Der sagt: „Auch ihn hat Gott nicht erwählt.“ So lässt Isai alle sieben Söhne vor Samuel treten. Keiner von ihnen ist von Gott erwählt. Da fragt Samuel: „Sind das alle deine Söhne?“ Isai antwortet: „Es gibt noch David, den Jüngsten. Er hütet die Schafe.“ Samuel bittet Isai, auch ihn zu holen. David kommt. Da spricht Gott: „Salbe ihn! Denn er ist es.“ Samuel nimmt das Öl und salbt David im Kreis seiner Brüder. Von diesem Tag an ist Gott mit David.*

Nach 1 Samuel 16

Spielt die Erwählung Davids mit verteilten Rollen oder mit selbst gestalteten Figuren. Betrachtet dazu das Bild oben.

Suche in der Geschichte: Was ist für Gott wichtig?

Besprecht: Welche Eigenschaften von Menschen könnt ihr mit den Augen, welche mit dem Herzen erkennen?

*Es ist Krieg zwischen den Philistern und den Israeliten.*
*Isai schickt David mit Brot zu seinen Brüdern ins Feldlager.*
*Goliat ist der stärkste Mann der Philister. Er trägt eine schwere Rüstung.*
*Niemand traut sich gegen ihn zu kämpfen. Goliat verspottet die Israeliten.*
*Da tritt David vor:*

*„Ich will gegen ihn kämpfen!“*

*„Ich habe Schafe gehütet und Gott hat mich vor Löwen geschützt. Er wird mich auch vor dem Philister retten.“*

*„Du kommst mit Schwert und Speer. Ich aber komme im Namen Gottes!“*

- 🔍 Vergleiche: Welche Mittel setzt Goliat ein, welche Mittel setzt David ein?
- ? Was bringt David dazu, gegen Goliat zu kämpfen? Schreibe dazu Stichwörter auf „Kieselsteine“ aus Tonpapier.
- ★ Wähle aus den „Kieselsteinen“ für dich deinen „Mutmachstein“.
- ✋ Lies die ganze Geschichte in der Bibel (1 Samuel 17). Gestalte sie als Comic oder als Zeitungsbericht.

# Freundschaft erleben

*Nach seinem Sieg über Goliat lebt David am Hof von König Saul. Jonatan ist der älteste Sohn von Saul. David und Jonatan lernen sich kennen und werden Freunde.*

*Jonatan liebt David wie sein eigenes Leben. Er schenkt ihm seine Kleider, sein Schwert und seinen Bogen. David wird ein erfolgreicher Krieger und ist beim ganzen Volk beliebt.*

*Saul wird neidisch und will David töten. Jonatan ist ein treuer und selbstloser Freund.*

*Er warnt David. Die Freunde müssen sich trennen, beide weinen. Sie sehen sich nie wieder.*

*Später erfährt David, dass Jonatan im Krieg gestorben ist. Sein Schmerz ist groß.*

*Er dichtet und singt für seinen Freund diesen Klagepsalm: „Es ist mir Leid um dich, mein Bruder Jonatan. Du warst mir sehr lieb.“*

Nach 1 Samuel 18 und 2 Samuel 1

- Lies die Geschichte und ergänze:
  Ich finde spannend …
  Ich verstehe nicht …
  Mich macht traurig …
  Mich freut …
- Findet Sätze, die zeigen, wie eng die Freundschaft von David und Jonatan ist.
- Stellt jeden Satz in einem Standbild dar.
- Wenn du mit Gott reden könntest wie mit einem Freund, was würdest du mit ihm besprechen? Schreibe deine Gedanken in dein Heft.

FREUNDSCHAFT

EHRLICH

EIGENE MEINUNG

LACHEN

? Was ist für eine Freundschaft wichtig? Übertrage das Wörterspiel in dein Heft und ergänze es.

★ Gestalte eine Postkarte für deinen Freund, deine Freundin. Schreibe, was besonders schön an eurer Freundschaft ist.

# Nachdenken – mitfühlen – handeln

## Mir ist ein Licht aufgegangen

T: Reinhard Bäcker / M: Detlev Jöcker © Menschenkinder Verlag und Vertrieb GmbH, Münster c/o Melodie der Welt GmbH & Co. KG, Frankfurt/Main

David hat sich in guten und schlechten Zeiten an Gott gewandt:

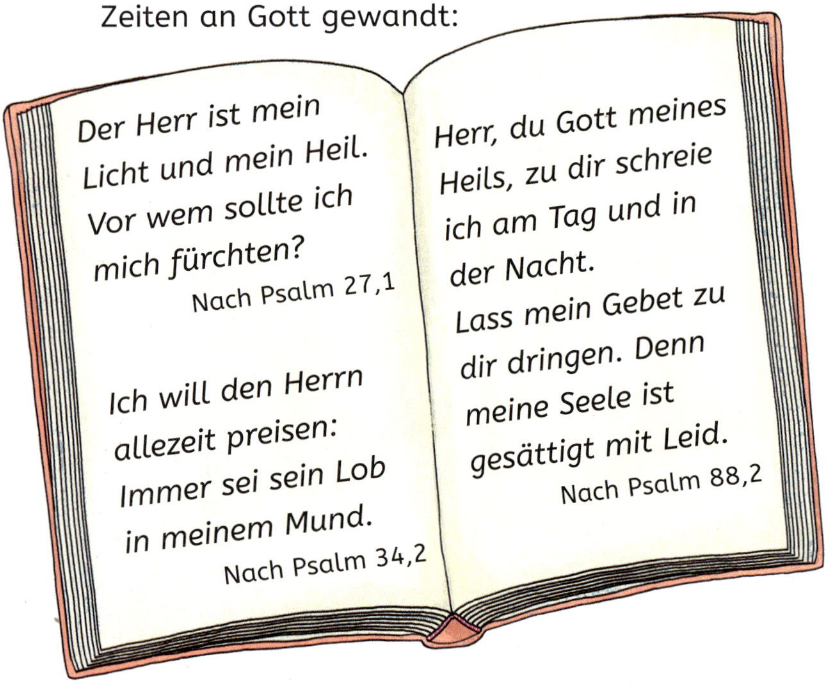


- Vergleiche das Lied mit dem Bild auf Seite 37. Wie passen Lied und Bild zusammen? Wie passen die Geschichten von Jakob, Esau, David und Jonatan zum Bild? Wie passen die Geschichten zum Lied?
- Besprecht: Welcher Psalm* erzählt davon, ob David sich Gott nah oder fern gefühlt hat?
- Lest in der Schulbibel weitere Geschichten von David. Ordnet die Psalmverse Ereignissen in seinem Leben zu.

## Ich bin gefragt

- Das habe ich verstanden und neu gelernt.
- Das hat mir besonders gefallen.
- Dazu möchte ich noch mehr wissen oder etwas gestalten.

# Sich Gott vorstellen

In der Klasse 3b gibt es einen „Koffer für Gottsucher“ mit vielen Bildern, Gegenständen und Sätzen, die die Kinder gesammelt haben. Von Zeit zu Zeit holen sie eine Karte, einen Gegenstand oder einen Satzstreifen heraus und sprechen darüber.

- Wähle einen Gegenstand aus dem Koffer, mit dem du erzählen kannst, wie du dir Gott vorstellst. Finde einen Satz, der dir wichtig ist.
- Sprecht über eure Fragen und Aussagen.
- Probiert aus: Bringt mit Musikinstrumenten eure Vorstellung von Gott zum Klingen.
- ★ Gestalte deinen eigenen „Koffer für Gottsucher“. Suche, male oder bastle drei Gegenstände, die zu deiner Vorstellung von Gott passen und lege sie in den Koffer.

## Wie Katharina sich Gott vorstellt

„Gott ist ganz anders als wir“, sagt der Lehrer zu den Kindern. „Er ist ein Geheimnis. Wir Menschen können ihn uns nicht vorstellen.“

„Ich will ihn mir aber vorstellen!“, ruft Katharina.

Der Lehrer lacht. „Du kannst es ja versuchen, Katharina. Nur darfst du ihm nicht vorschreiben, dass er so sein muss, wie du ihn dir vorstellst.“

„Natürlich nicht“, sagt Katharina. Und Katharina denkt nach und denkt sich Bilder aus:

Hätte Gott einen Mantel, so wäre der aus Sternen und Meer gemacht und mit Vögeln bestickt. Die Vögel, die könnten singen.

Hätte Gott Füße wie wir, so würde er barfuß gehen, damit er den Sand zwischen den Zehen spürt, das kühle Moos auf den Steinen im Bach, den harten Beton. Er würde alles spüren und spüren wollen.

Hätte Gott eine Stimme wie wir, er würde lachen und weinen, und Katharina könnte schon am Klang seiner Stimme merken, wie er es meint.

Manchmal hätte er eine Stimme wie Jakob, wenn sie gestritten haben: „Katharina, magst du mich nicht fragen, ob ich dir wieder gut bin?“

Manchmal hätte er eine Stimme wie Katharinas Mutter, wenn sie am Abend die Decke um Katharina festdrückt und sagt: „Jetzt schlaf gut, du bist meine ganz liebe Katharina.“

Lene Mayer-Skumanz

„Gott ist ein Geheimnis.“ Diskutiert: Wie versteht ihr diesen Satz?

? Denke dir wie Katharina eigene Bilder von Gott aus: Hätte Gott …

Wie hast du dir Gott früher vorgestellt, wie heute? Male dazu ein Bild. Stellt euch eure Bilder gegenseitig vor.

# In Bildern und Symbolen sprechen

Felix ist gestürzt und hat sich das Bein gebrochen. Schnell wird er ins Krankenhaus gebracht und operiert. Alles ist gut gegangen, aber er muss noch eine ganze Woche im Krankenhaus bleiben. Als seine Mutter sich am Abend von ihm verabschiedet, ist Felix traurig.

Felix: Mein Bein tut so weh. Du sollst bei mir bleiben!
Mama: Felix, das geht nicht. Aber morgen besuche ich dich wieder, gleich nach der Arbeit.

Felix: Mama, bitte bring mir morgen unbedingt Oskar, meinen Teddy, mit. Dann kann ich viel besser einschlafen.

Als Felix' Mutter am nächsten Tag den Teddy einpacken will, sieht sie, dass er nicht mehr schön aussieht. Das Fell ist abgewetzt, er hat nur noch ein Auge und an einer Stelle kommt schon die Füllung heraus. Da hat sie eine Idee. Sie will Felix überraschen und kauft auf dem Weg zum Krankenhaus einen neuen Teddybären.

Mama: Hallo Felix! Schau, wen ich dir mitgebracht habe.
Felix: Aber das ist doch nicht Oskar!
Mama: Ja, der ist aber nicht mehr schön, er hat nur noch ein Auge, die Füllung quillt auch schon an einer Stelle heraus und sein Fell ist ganz abgewetzt. Ich hab dir einen neuen Teddy gekauft. Fühl mal, wie kuschelig er ist.
Felix: Ich will meinen Teddy! Den kannst du wieder mitnehmen. Ich will ihn nicht.
Mama: Aber warum denn nicht?

Führt zu zweit das Gespräch zwischen Felix und seiner Mutter weiter: Warum ist für Felix sein Teddy so wichtig? Was sieht seine Mutter in dem Teddy?

Bringe einen Gegenstand mit, der dir viel bedeutet. Schreibe auf eine Karte, warum er so wertvoll für dich ist. Macht eine Ausstellung.

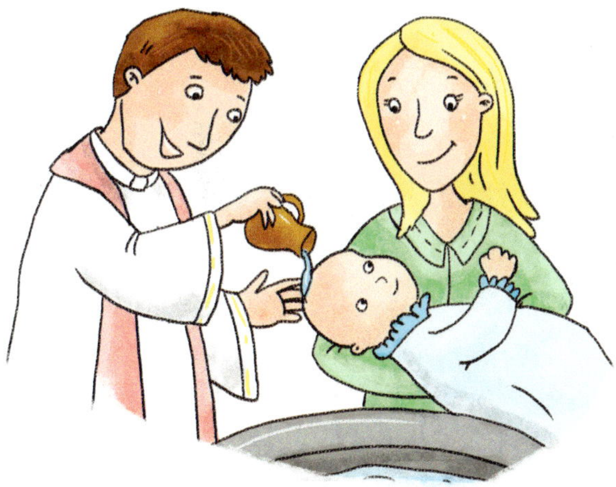

Erfindet zu den Bildern Spielszenen. Stellt sie den anderen vor.

Diskutiert: Was sagen die einzelnen Gegenstände und Handlungen aus?

? Informiert euch im Lexikon zum Wort „Symbol“*.

Sucht Bilder von Gegenständen und Handlungen, die für Menschen oft eine symbolische Bedeutung haben. Denkt dabei an Geburtstag, an Sport, an Gottesdienst ...
Gestaltet mit den Bildern eine Collage.

# Von Gott in Bildern und Symbolen sprechen

*Gott*
*unendlich endlich*
*unnahbar nah*
*unübertroffen klein*
*unsichtbar groß*
*unhörbar laut*
*unbeschreiblich*
*unsagbar*
*unbekannt erkannt*
*unglaublich – GOTT*
Johannes Weisgerber

- Diskutiert: Was wollen die Künstler und der Dichter über Gott sagen?
- ★ Schreibe ein ➤ Rondell-Gedicht über Gott.
- Gestalte dein Bild von Gott. Wähle dazu Farben, Formen, Worte von diesen beiden Seiten.

Menschen sprechen mit Gott. Sie loben, klagen, bitten, danken.
Dazu verwenden sie auch Bildworte.

*Du bist eine Burg für mich, bist meine Zuflucht am Tag der Not.*
Nach Psalm 59,17

*Gott ist Sonne und Schild.*
Nach Psalm 84,12

*Gott ist meine Rettung, er ist mein schützender Fels.*
Nach Psalm 62,8

*Und wenn ich wandere im finsteren Tal, du bist bei mir.*
Nach Psalm 23,4

*Gott, ich bin geworden wie ein zerbrochenes Gefäß.*
Nach Psalm 31,13

Schreibe einen Psalmvers*, der für dich stimmt, in dein Heft. Du kannst
- Wörter drum herum schreiben, die dazu passen,
- ein Bild malen,
- eine Geschichte dazu schreiben.

Schreibe weiter:
Gott, heute bin ich wie ...
Gott, manchmal bin ich wie ...
Gott, du bist für mich wie ...

Gestaltet in Gruppen die Psalmverse als Standbilder.

# Gott heute finden ...

## ... in der Natur

## ... in der Stille

## ... im Menschen

Wähle ein Bild. Wie kannst du es mit Gott in Verbindung bringen? Tausche dich mit einer Mitschülerin oder einem Mitschüler aus.

Stille ...
- ist mehr als leise sein,
- spüre ich in mir drin,
- ...

Finde eigene Beschreibungen.

# Wo Lin Gott findet

In einem kleinen Dorf in der Nähe von Shanghai lebt Lin. Die Bewohner achten ihn wegen seiner Freundlichkeit und Friedfertigkeit. Einmal fragt ihn der Dorfvorsteher, wie er zu seiner Freundlichkeit gekommen sei. Da lächelt Lin und sagt: „Ich bin stets in der Nähe Gottes gewesen." „Wo", fragt der Dorfvorsteher, „bist du Gott nahe gewesen?" Lin schaut sich um, blickt zum Himmel und zur Erde und meint: „Der Gesang der Vögel, das Funkeln der Sterne und der Glanz der Sonne erzählen von Gott. Von ihm erzählen die Jahreszeiten: im Winter die Schneeflocke und das Eis, das sich am Zweig bildet; im Frühling das Summen der Hummeln und das Aufbrechen der Knospen. Im Sommer schmücken die Blumen die Wiesen. Das reife Korn, die herbstlichen Blätter und der brausende Sturm, alles kündet von Gott."
Lin sieht den Dorfvorsteher eine Weile an und fährt fort: „Willst du aber Gott spüren, dann geh in die Großstadt. Betrachte die Menschen, die zur Arbeit eilen, den Verkäufer, der gekonnt sein Obst ausbreitet, das Paar, das seine Mittagspause genießt, den Greis, der sich auf der Parkbank ausruht. – Vor allem aber stürze dich am Abend in das Getümmel der Großstadt, wenn der Verkehr nur schubweise fließt, wenn die Lichter der Warenhäuser erstrahlen, die Menschen in den Restaurants zu Abend essen. Genieße die Zeit, wenn das grelle und bunte Neonlicht allmählich erlischt, wenn der Lärm in den Straßen verebbt und wenn die Nacht sich wie ein dunkles Tuch auf die Dächer legt."
Lin holt tief Luft und nickt: „Ja, auch in der Unruhe der Großstadt erfährst du Gott." Nach einer Weile sagt er: „Willst du aber Gott sehen, dann gehe in den Kindergarten, in jedem Gesicht spiegelt sich Gott wider."

Heribert Haberhausen

Lin findet Gott an unterschiedlichen Orten: Er ist ihm nahe, er spürt ihn und er sieht ihn. Suche in der Geschichte Beispiele dafür.

? Schau auf Seite 29 nach: „Gott schuf den Menschen als sein Abbild." Wo findest du diese Aussage in der Geschichte wieder? Was ist damit gemeint? Erkläre.

Führt zu der Frage „Wo finde ich Gott?" ein ➤ Schreibgespräch.

# Im Leid nach Gott fragen

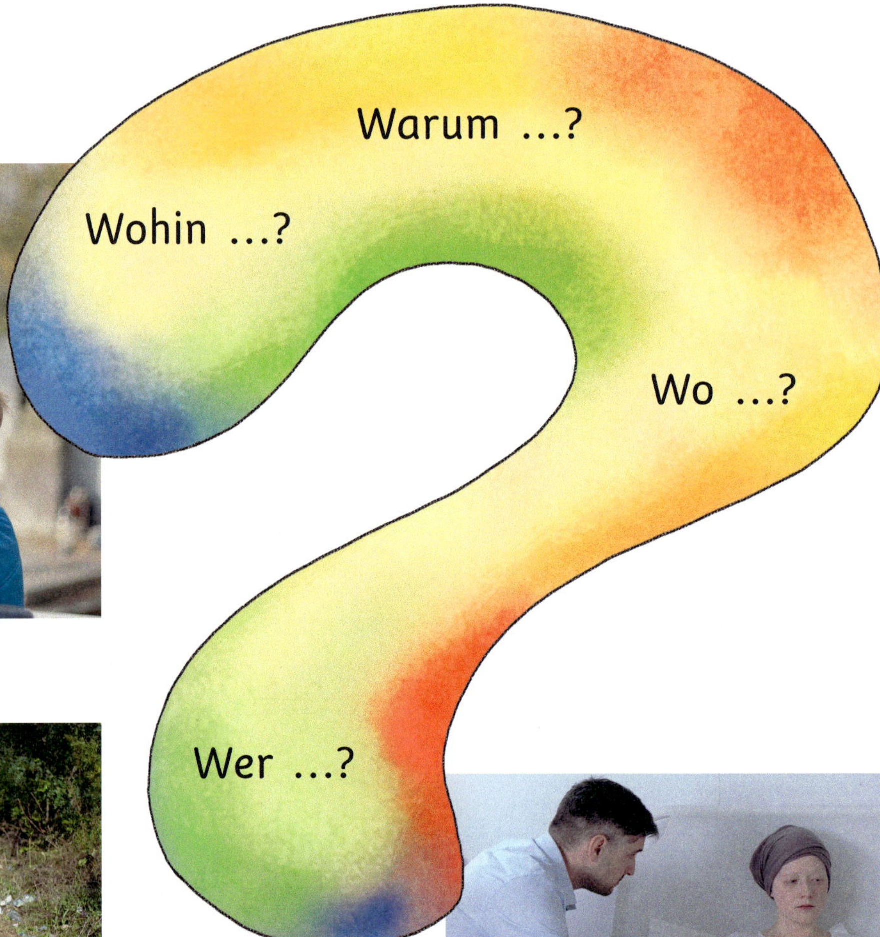

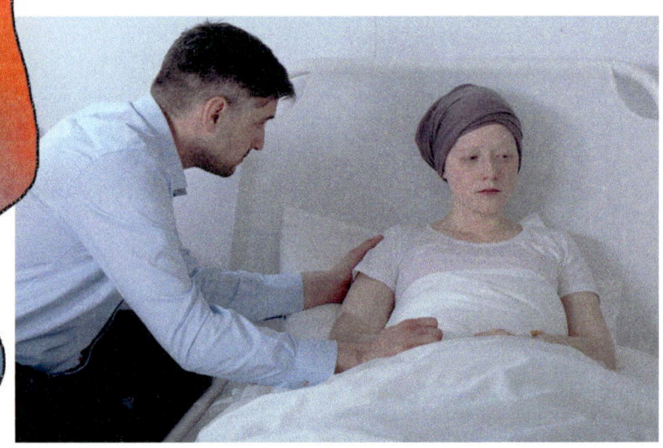

- Erzählt einander zu den Bildern: Ich denke ... Ich frage ... Ich fühle ...
- Wähle einen Menschen auf einem der Fotos aus. Schreibe seine Fragen und Sorgen auf. Gestalte dazu aus passenden Materialien ein Fragezeichen.
- ? Menschen fragen: Warum gibt es Leid auf der Welt? Schreibt eure Gedanken dazu auf und diskutiert darüber.

## Malala schreibt an Gott

Malala Yousafzai war zehn Jahre alt, als allen Mädchen in ihrem Heimatland Pakistan verboten wurde, zur Schule zu gehen. Malala hielt sich nicht an dieses Verbot. Sie beschloss, für ihr Recht auf Bildung zu kämpfen. Als sie auf dem Weg von der Schule nach Hause war, schossen ihr Terroristen in den Kopf. Malala überlebte den Anschlag. Sie hatte viele Verletzungen, doch aufgegeben hat sie nicht. In ihrem Buch „Malala. Meine Geschichte“ erzählt sie von einer Beobachtung, die sie als Achtjährige machte: Auf einer Müllhalde durchwühlten Kinder den Unrat und suchten nach Dosen und Flaschen. Tief bewegt, sprach sie mit ihrem Vater darüber:

*Ich fragte ihn, warum sie nicht in der Schule waren. Er erklärte, dass diese Kinder ihre Familien unterstützen mussten, indem sie alles verkauften, was sie fanden und was ein paar Rupien wert war. Wenn sie in die Schule gehen würden, müssten ihre Familien hungern … Ich glaube, dass es gegen jede*

*Ungerechtigkeit ein Mittel gibt und dass Gott für jeden schlechten Menschen einen guten schickt. Deshalb beschloss ich, mit Gott über das Problem zu reden. „Lieber Gott“, schrieb ich in einem Brief, „wusstest Du, dass es Kinder gibt, die auf dem Müllberg arbeiten müssen?“ Ich hielt inne. Natürlich wusste er das! Da erkannte ich, dass es sein Wille war, dass ich sie gesehen hatte. Er zeigte mir, wie mein Leben wäre, wenn ich nicht zur Schule gehen könnte …*
*Jetzt wusste ich, dass ich selbst etwas unternehmen musste. Ich wusste nicht, was es war. Aber ich bat Gott um „die Kraft und den Mut, die Welt zu einem besseren Ort zu machen“. Ich unterschrieb den Brief, rollte ihn zusammen, band ihn an ein Stück Holz, legte eine Löwenzahnblüte darauf und übergab ihn dem Fluss, der in den Swat mündet. Dort würde Gott ihn bestimmt finden …*

Informiert euch über Malalas Leben. Es gibt Bücher für Kinder über sie oder Kinderseiten im Internet. Verfasst einen Steckbrief.

Findet Sätze im Text, wie Malala mit Ungerechtigkeit und Leid umgeht.

Tauscht euch aus: Was beeindruckt euch an Malala?

# Auf Gott hoffen

*Du hast mein Klagen in Tanzen verwandelt.*
Psalm 30,12a

*Ich aber sagte in meiner Angst: „Ich bin verstoßen aus deinen Augen.“ Doch du hast mein lautes Flehen gehört, als ich zu dir um Hilfe rief.*
Psalm 31,23

*Er griff aus der Höhe herab und fasste mich, zog mich heraus aus gewaltigen Wassern.*
Psalm 18,17

*Er führte mich hinaus ins Weite, er befreite mich.*
Psalm 18,20

*Herr, du mein Fels und meine Burg und mein Retter,*
*mein Gott, mein Fels, in dem ich mich berge,*
*mein Schild und sicheres Heil, meine Zuflucht.*
Nach Psalm 18,3

*Kann denn eine Frau ihr Kindlein vergessen, ohne Erbarmen sein gegenüber ihrem leiblichen Sohn? Und selbst wenn sie ihn vergisst: Ich vergesse dich nicht. Sieh her, ich habe dich eingezeichnet in meine Hände.*
Jesaja 49,15–16a

- Was könnten Menschen erlebt haben, die so sprechen? Tauscht euch aus.
- Zeichne mit dem Finger den Weg der Spirale nach. Vergleiche die Psalmworte* damit.
- Wählt einen Text aus. Schreibt oder spielt Geschichten dazu.
- Schreibe mit dem rechten Zeigefinger deinen Namen in deine linke Handfläche. Male ein Symbol* für Gott in deine rechte Handfläche. Lege beide Handflächen aufeinander. Erzähle anschließend den anderen, wie du das erlebt hast.

## Du bist im Lachen

T/M: Kathi Stimmer-Salzeder

Schließe die Augen. Stell dir den Tag heute vor.
Worauf freust du dich?
Was macht dir Sorgen?
Was wünschst du dir?

Male oder schreibe das auf Papierstreifen. Legt eure Papierstreifen in eine Schale oder in eine Schachtel.

Nehmt einzelne Papierstreifen heraus. Lest vor, was darauf steht und singt den Kehrvers: „Du bist im Lachen und im Leid …“

# Nachdenken – mitfühlen – handeln

Verteilt die Aussagen im Klassenzimmer. Stellt euch zu einer Aussage, der ihr zustimmt, zu der ihr eine Frage habt oder der ihr widersprecht. Diskutiert und begründet eure Auswahl.

Schau das ➤ Bild von Seite 49 genau an. In der unteren Hälfte sind technische Zeichnungen und ein Gesicht zu erkennen. Die Zeichnungen weisen darauf hin, dass Menschen vieles erfinden. Zähle auf, was dir dazu einfällt.

Der Künstler Paul Klee hat sein Bild auf Seite 49 „Grenzen des Verstandes“ genannt. Sammelt mithilfe einer ➤ Mindmap Beispiele für Fragen, die wir Menschen nicht beantworten können.

? Der obere Bereich des Bildes ist von einer Sonne umstrahlt. Dorthin führen nur schmale Leitern. Überlege: Was kann das bedeuten?

## Ich bin gefragt

- **Das habe ich verstanden und neu gelernt.**
- **Das hat mir besonders gefallen.**
- **Dazu möchte ich noch mehr wissen oder etwas gestalten.**

# 5 Gott macht Menschen frei

# Fremd und unterdrückt in Ägypten

Nach Exodus 1,6–2,22

- Sammelt Informationen über das Leben der Israeliten im alten Ägypten und gestaltet ein Plakat.
- Spielt einzelne Szenen des Comics als ➤ Rollenspiel.
- ? Lies in deiner Schulbibel nach: Warum bleibt Mose nicht am Hof des Pharao?
- Besprecht: Wie stellen sich die Israeliten ein Leben in Freiheit vor?

# Neue Hoffnung: Gott ist da

## Der brennende Dornbusch

*Mose weidet als Hirte in Midian die Schafe und Ziegen seines Schwiegervaters Jitro. Einmal treibt er das Vieh weit hinaus. Er kommt zum Gottesberg Horeb. Dort sieht er einen Dornbusch. Dieser brennt, aber verbrennt nicht. Mose geht hin, um ihn sich genauer anzusehen. Gott ruft ihm aus dem Dornbusch zu: „Mose, Mose!“ Er antwortet: „Hier bin ich.“ Gott sagt: „Komm nicht näher! Zieh deine Schuhe aus. Dieser Ort ist heiliger* Boden.“*

Nach Exodus 3,1–5

Besprecht: Der Künstler Dan Rubinstein hat in dem Bild die Begegnung von Mose und Gott dargestellt. Was konnte er nicht zeigen?

## Gott offenbart seinen Namen

*Dann spricht Gott: „Ich bin der Gott deines Vaters, der Gott Abrahams, der Gott Isaaks und der Gott Jakobs.“ Mose bedeckt sein Gesicht. Er fürchtet sich, Gott anzuschauen.*
*Und Gott spricht: „Ich habe die Not meines Volkes Israel gesehen. Ich kenne sein Leid. Ich werde die Menschen aus Ägypten befreien. Ich werde sie in das schöne, weite Land Kanaan führen. Das ist ein Land, in dem Milch und Honig fließen. Und jetzt geh zum Pharao. Führe mein Volk aus Ägypten heraus.“*
*Mose antwortet: „Wer bin ich denn schon? Wie kann ich zum Pharao gehen?“*
*Gott aber sagt: „Ich bin bei dir. Ich beschütze dich. Wenn mein Volk frei ist, wird es mich hier an diesem Berg anbeten.“*

**Geh mit uns** T: Norbert Weidinger / M: Ludger Edelkötter

*Da sagt Mose: „Gut. Ich werde den Israeliten sagen: Der Gott eurer Väter hat mich geschickt. Dann werden sie mich fragen: Wie heißt denn dieser Gott? Was soll ich ihnen darauf sagen?“*
*Da antwortet Gott dem Mose: „Ich bin, der ich bin. Sag den Israeliten: JAHWE, der Gott eurer Väter hat mich geschickt. Das ist mein Name für immer.“*

Nach Exodus 3,6–15

Gott sendet Mose zum Pharao. Mose hat Zweifel. Gott bestärkt ihn. Lest den Text mit verteilten Rollen.

? Der Name Gottes, JAHWE*, bedeutet: Ich bin, der ich bin. Manche Bibeln übersetzen den Namen auch so: Ich bin der „Ich-bin-da“.
Was bedeutet das
- für Mose,
- für die unterdrückten Israeliten,
- für den Pharao,
- für uns?

Bildet Vierergruppen. Wählt jeweils eine Frage aus und arbeitet mit der ➤ Placemat-Methode.

★ Gestalte Gottes Name „Ich-bin-da“ auf einem Windlicht oder auf einer Kerze.

Zündet eure Lichter an. Ihr könnt dazu den Liedruf miteinander singen.

# Gott befreit

## Der Pharao lässt die Israeliten ziehen

*Mose geht zum Pharao. Er bittet ihn, die Israeliten aus Ägypten ziehen zu lassen. Doch der Pharao lehnt diese Bitte ab. Gott schickt viele Plagen wie zum Beispiel Heuschrecken, die so zahlreich sind, dass sie alles auffressen. Schließlich ist der Pharao bereit, die Israeliten ziehen zu lassen.*

## Der Pharao verfolgt die Israeliten

*Vor dem Aufbruch backen die Israeliten aus Mehl und Wasser schnell Mazzen*. Gott führt sie durch die Wüste zum Schilfmeer. Am Tag zeigt er ihnen den Weg in einer Wolkensäule. In der Nacht ist er in einer Feuersäule bei ihnen. Der Pharao hört, dass die Israeliten aus Ägypten weggezogen sind. Jetzt bereut er seine Entscheidung und er verfolgt sie mit den Streitwagen. Die Israeliten aber ziehen voll Vertrauen weiter.*

## Gott führt sein Volk durch das Meer

*Der Pharao und seine Streitwagen kommen näher. Die Israeliten erschrecken und schreien zu Gott.*

*Mose sagt zu ihnen: „Fürchtet euch nicht. Bleibt stehen und seht selbst, wie der Herr euch heute rettet."*

*Gott sagt zu Mose: „Hebe deinen Stab hoch. Strecke deine Hand über das Meer. Zerteile es. Die Israeliten können auf trockenem Boden durch das Meer ziehen. Ich zeige dem Pharao, dass ich Gott bin."*

*Mose streckt die Hand über das Meer aus. Ein starker Wind trocknet es aus. Es teilt sich. Die Israeliten ziehen auf trockenem Boden durch das Meer. Rechts und links von ihnen steht das Wasser wie eine Mauer.*

*Die Ägypter verfolgen die Israeliten. Als die Nacht beinahe zu Ende ist, bringt der Herr die Ägypter in Verwirrung. Er hemmt die Räder an ihren Wagen, sodass sie nur schwer vorankommen.*

*Da sagt der Pharao: „Ich muss vor Israel fliehen. Denn Gott kämpft auf ihrer Seite gegen mich."*

*Als die Israeliten am anderen Ufer angelangt sind, streckt Mose wieder seine Hand über das Meer. Das Wasser kommt zurück. Die Ägypter laufen ihm auf der Flucht entgegen.*

*An diesem Tag rettet Gott sein Volk. Die Israeliten glauben an ihn und vertrauen Mose. Mirjam, die Schwester des Mose nimmt die Pauke und singt dieses Lied: „Singt dem Herrn ein Lied, denn er ist hoch und erhaben."*

Nach Exodus 13,17–15,20

? Lies die Geschichten. Finde die Stellen, an denen deutlich wird, wie Gott die Israeliten rettet.

Betrachte das ➤ Bild: Welche Teile der Geschichten findest du darin?

Male Mirjam, wie sie sich freut und tanzt. Wofür lobt und dankt sie Gott? Schreibe dies um sie herum.

Gestaltet einen Tanz und begleitet ihn mit Orff-Instrumenten. Drückt damit die Freude der Israeliten über ihre Rettung aus.

# Frei bleiben …

## Am Sinai

*Der Weg in die Freiheit ist für die Israeliten schwer. Als die Vorräte zu Ende gehen und sie in der Wüste Hunger und Durst leiden, murrt das Volk gegen Mose und sagt: „Wären wir nur in Ägypten geblieben, da hatten wir wenigstens zu essen.“ Da sagt Gott zu Mose: „Ihr werdet satt werden und sehen, dass ich für euch da bin.“ Am Abend bedecken Wachteln das Lager und am Morgen liegt Brot auf der Erde. Die Israeliten nennen das Brot Manna. Im dritten Monat nach dem Auszug aus Ägypten kommen die Israeliten in die Wüste Sinai. Dort schlagen sie gegenüber dem Gottesberg ihr Lager auf. Mose steigt zu Gott hinauf. Da ruft Gott ihm zu: „Das sollst du den Israeliten verkünden: Ihr habt gesehen, was ich für euch getan habe. Ich habe euch wie auf Adlerflügeln getragen und hierher zu mir gebracht. Jetzt aber, wenn ihr auf meine Stimme hört und meinen Bund haltet, werdet ihr unter allen Völkern mein besonderes Eigentum sein. Ihr sollt mir gehören als ein heiliges Volk.“*

Nach Exodus 16 und 19,1–6

Gestaltet mit Kleister und Sand ein Wüstenbild. Macht in dem Bild einen Weg sichtbar. Sammelt Wörter, die die Erfahrungen der Israeliten auf ihrem Weg durch die Wüste ausdrücken. Schreibt sie auf den Weg.

„Ein heiliges* Volk sein …“ Was bedeutet das? Schlagt im Lexikon nach und führt ein ➤ Schreibgespräch.

# ... und Gottes Weisungen folgen

*Ich bin der Herr, dein Gott,*
*der dich aus Ägypten geführt hat,*
*der dich aus dem Sklavenhaus*
*befreit hat:*

**1.** Du sollst keine anderen Götter neben mir haben.
**2.** Du sollst den Namen Gottes nicht missbrauchen.
**3.** Du sollst den Sabbat* heiligen. Der siebte Tag ist ein Ruhetag.
**4.** Du sollst deinen Vater und deine Mutter ehren.
**5.** Du sollst nicht morden.
**6.** Du sollst die Ehe achten.
**7.** Du sollst nicht stehlen.
**8.** Du sollst ehrlich sein und über andere nichts Falsches sagen.
**9.** Du sollst das achten, was deinem Nächsten gehört.
**10.** Du sollst nicht nach dem Eigentum deines Nächsten verlangen.

Nach Exodus 20,1–17

Schreibt jede der zehn Weisungen auf ein Blatt. Besorgt Holz- oder Legosteine. Jeder erhält drei Steine. Welche drei Weisungen hältst du selbst für besonders wichtig? Lege deine Steine dorthin. Wenn alle Steine verteilt sind, seht ihr, bei welchen Weisungen die meisten Steine liegen. Diskutiert euer Ergebnis.

Der untere Bildabschnitt auf Seite 70 zeigt, was die Israeliten im neuen Land erwartet. Besprecht: Wozu helfen ihnen auch dort die Weisungen?

Stellt euch vor, wie es wäre, wenn es diese zehn Weisungen, die man auch die Zehn Gebote nennt, nicht gäbe. Malt ein Bild.

# Sich entscheiden – über Folgen nachdenken

## Das Fahrrad

Lenas Fahrrad wurde aus der Fahrradhalle der Schule gestohlen. Die Versicherung fragt nach, ob das Fahrrad abgeschlossen war. Nur dann zahlt die Versicherung den Schaden. Allein Lena weiß, dass das Rad nicht abgeschlossen war.

## Streit auf dem Schulhof

In der Pause fängt Felix mit Paul
einen heftigen Streit an.
Felix boxt Paul in die Seite.
Matti geht dazwischen und zieht Felix weg.
Als die Pausenaufsicht kommt,
sagt Felix aufgeregt:
„Paul hat mich getreten.
Jetzt tut mein Bein weh.
Matti hat es genau gesehen."
Die Lehrerin fragt bei Matti nach.
Matti weiß nicht, was er sagen soll.
Felix ist sein bester Freund.

- ? Wie soll sich Lena verhalten? Begründet eure Entscheidung.
- Wie geht die Geschichte auf dem Schulhof weiter? Spielt verschiedene Situationen durch.
- Besprecht, wie die jeweiligen Entscheidungen mit Gottes Weisungen zusammenhängen.
- Sucht in den Weisungen (Seite 71) nach Hilfen für eure Wahl.

## Die ist doch selbst schuld!

Daniel hat 10 Euro Taschengeld gespart. Heute geht er mit seinem Freund Fabian ins Spielwarengeschäft, um sich ein Fahrzeug für seine Sammlung zu kaufen. Als er sich entschieden hat, geht er zur Kasse. Das neue Polizeiauto kostet 4,95 Euro. Das Restgeld steckt Daniel kurzfristig in die Hosentasche.
„Wo gehen wir jetzt hin?", fragt Fabian, nachdem sie das Geschäft verlassen haben.
„Warte mal", sagt Daniel, „ich muss das Geld noch in meinen Beutel stecken. Mensch, guck mal, die Verkäuferin hat mir drei Euro zu viel rausgegeben."
„Du, davon kannst du uns doch ein Eis spendieren", schlägt Fabian begeistert vor.
Daniel ist unsicher. „Aber sollte ich das Geld nicht zurückgeben?"
Fabian tippt sich an die Stirn. „Du spinnst wohl! Die Frau ist doch selbst schuld, wenn sie nicht aufpasst."
Da hat Fabian vielleicht recht, denkt Daniel, aber seine Mutter hat ihm neulich erzählt, dass eine Verkäuferin es von ihrem eigenen Geld bezahlen muss, wenn sie falsch rausgibt. Er weiß nicht, wie er sich entscheiden soll. Sein Geld ist es jedenfalls nicht.
„Ach, sei kein Frosch!", sagt Fabian. „Komm Eis essen. Das nächste Mal bringst du es eben zurück."

Beantworte die Frage von Relix. Begründe deine Antwort.

# Erinnerung an die Befreiung – das Pascha-Fest

Ich bin Ben. Meine Familie und ich, wir sind gläubige Juden. In den vergangenen Religionsstunden habt ihr einiges aus der Geschichte der Israeliten erfahren. Bis zum heutigen Tag feiern wir Juden das Fest der Befreiung. Wir nennen es Pascha*. Wir erinnern uns an diesem Fest an den Aufbruch aus Ägypten.
Zu Beginn versammelt sich die ganze Familie zum Seder-Abend: Wir sitzen festlich gekleidet um den Tisch mit vielen Speisen und Getränken.

Besonders wichtig ist dabei der Seder-Teller*. Die Speisen auf ihm erinnern an die Zeit der Sklaverei und an den Auszug aus Ägypten. Manches davon gibt es nur bei dieser Feier, zum Beispiel Mazzen*, eine Schüssel mit Salzwasser, einen Lammknochen und bittere Kräuter: Das kann zum Beispiel Meerrettich oder Kopfsalat sein.

*Seder-Teller mit Bitterkräutern, braunem Mus, Ei und Lammknochen, dazu Wein und Mazzen.*

**?** Finde heraus, woran die Speisen auf dem Seder-Teller erinnern: die Bitterkräuter, das Salzwasser, das Ei, die Mazzen, der Lammknochen. Du kannst dafür auch das Lexikon in diesem Buch benutzen.

Zu Beginn des Pascha-Festes entzündet die Mutter die Kerzen und der Vater segnet Brot und Wein. Ehe wir gemeinsam die Geschichte vom Auszug des Volkes Israel aus Ägypten lesen, darf ich als Jüngster der Familie die vier wichtigen Fragen stellen:

**Warum** ist diese Nacht anders als alle anderen Nächte?
**Warum** essen wir in dieser Nacht ungesäuerte Brote?
**Warum** tauchen wir in dieser Nacht unsere Kräuter in Salzwasser?
**Warum** sitzen wir in dieser Nacht alle angelehnt?

Beantwortet die vier wichtigen Fragen bei der Pascha-Feier. Ihr könnt dazu die Geschichte der Befreiung (Seiten 68–69) nochmals lesen und euch weiter informieren.

„Warum sitzen wir angelehnt?“
Probiert es einmal aus:
Wenn ich vorne auf der Stuhlkante sitze, dann … Wenn ich angelehnt sitze, dann … Jetzt kannst du die vierte Frage beantworten.

# Erinnerung an die Befreiung – den Sabbat halten

Ben erzählt weiter:
Der Sabbat* hat für uns Juden eine große Bedeutung. Er beginnt am Freitagabend damit, dass die Mutter Sabbat-Kerzen entzündet. Wir gehen zum Abendgebet in die Synagoge. Die Anweisung, wie wir den Sabbat halten sollen, steht in den zehn Weisungen:

*Achte auf den Sabbat: Halte ihn heilig*, wie es dir der Herr, dein Gott, zur Pflicht gemacht hat. Sechs Tage darfst du schaffen und jede Arbeit tun. Der siebte Tag ist ein Ruhetag, dem Herrn, deinem Gott, geweiht. An ihm darfst du keine Arbeit tun: du, dein Sohn und deine Tochter, dein Sklave und deine Sklavin, dein Rind, dein Esel und dein ganzes Vieh und der Fremde, der in deinen Stadtbereichen Wohnrecht hat. Dein Sklave und deine Sklavin sollen sich ausruhen wie du.*
*Denk daran: Als du in Ägypten Sklave warst, hat dich der Herr, dein Gott, mit starker Hand und hoch erhobenem Arm dort herausgeführt. Darum hat es dir der Herr, dein Gott, zur Pflicht gemacht, den Sabbat zu halten.*

Nach Deuteronomium 5,12–15

- Besprich dich mit deiner Banknachbarin, deinem Banknachbarn: Was wundert dich an dem Text, was ist dir fremd?
- Erkläre, woran sich Juden am Sabbat erinnern. Lies dazu auch den Schluss des Schöpfungsliedes auf Seite 29.
- Auch Jesus ging am Sabbat in die Synagoge und las aus der Tora* vor. Nennt Gründe: Warum ist es für Juden wichtig, dass am Sabbat im Gottesdienst aus der Tora vorgelesen wird?
- Christen feiern den Sonntag als Tag des Herrn. Gestaltet eine ➤ Mindmap: Woran erinnern sie sich?
- Tauscht euch darüber aus, wie für euch ein Sonntag als ein Tag der Freiheit aussehen könnte. Arbeitet mit der ➤ Placemat-Methode.

# Wie Juden ihren Glauben bekennen

שְׁמַע יִשְׂרָאֵל. יְהוָֹה
אֱלֹהֵינוּ יְהוָֹה אֶחָד׃

*Schma Israel JHWH (Adonai)*
*Elohenu JHWH (Adonai) Ächad*
Deuteronomium 6,4

*Höre, Israel!*
*Der HERR, unser Gott, der HERR ist einzig.*

*Du sollst den HERRN, deinen Gott,*
*lieben mit ganzem Herzen*
*und mit ganzer Seele*
*und mit ganzer Kraft.*
Deuteronomium 6,4–5

*Diese Worte sollen auf deinem Herzen geschrieben stehen. Du sollst sie deinen Söhnen und Töchtern wiederholen. Du sollst von ihnen reden, wenn du zu Hause sitzt und wenn du auf der Straße gehst, wenn du dich schlafen legst und wenn du aufstehst. Du sollst sie als Zeichen um das Handgelenk binden. Sie sollen zum Schmuck auf deiner Stirn werden. Du sollst sie auf die Türpfosten deines Hauses und in deine Stadttore schreiben.*

Nach Deuteronomium 6,6–9

*Junge mit Tora-Rolle**

*Junge mit Tefillin**

*Mesusa** *an Türpfosten*

Beschreibt die drei Fotos. Warum sind diese Gegenstände für Juden so wichtig? Besprecht miteinander: Was bedeuten sie?

Sammelt zu zweit Zeichen oder Symbole*, die Christen an Gott oder an Jesus erinnern.

# Nachdenken – mitfühlen – handeln

## Gottes Wort ist wie Licht in der Nacht

T: Hans-Herrmann Bittger 1983, © Bistum Essen
M: Josef Jacobsen 1935

Erzählt reihum zu jedem Ausschnitt des Bildes auf Seite 63 den passenden Teil der Geschichte von der Befreiung des Volkes Israel.

Schreibe einen Brief an Ben: „Lieber Ben, im Religionsunterricht habe ich dich und deine Religion kennengelernt. Ich weiß jetzt ... Was ich dich noch fragen möchte ...“

Bastle mit Ton- und Transparentpapier einen Stern oder eine Kerze. Schreibe Worte aus dem Lied, die für dich etwas bedeuten, hinein. Klebe dein Werk ins Fenster.

### Ich bin gefragt

- Das habe ich verstanden und neu gelernt.
- Das hat mir besonders gefallen.
- Dazu möchte ich noch mehr wissen oder etwas gestalten.

# 6 Menschen erleben: Mit Jesus beginnt Neues

# Jesus begegnen – neue Hoffnung schöpfen

## Jesus lässt sich taufen

*Viele Menschen kommen an den Fluss Jordan. Sie treffen dort Johannes. Er predigt: „Lasst euch mit Wasser taufen. Kehrt um und ändert euer Leben. Gott wird euch eure Schuld vergeben.“ Viele lassen sich von Johannes im Jordan taufen. Auch Jesus kommt an den Jordan und lässt sich von Johannes taufen. Als er aus dem Wasser steigt, sieht er, dass der Himmel sich öffnet. Gottes Geist, Gottes gute Kraft kommt wie eine Taube auf ihn herab und eine Stimme aus dem Himmel sagt zu ihm: „Du bist mein geliebter Sohn.“ Erfüllt von Gottes Kraft verkündet Jesus die frohe Botschaft von Gottes Nähe und Liebe.*

Nach Markus 1,4–11.14–15

Finde den Satz in der Geschichte, der dich besonders anspricht.

„Du bist mein geliebter Sohn.“ Was bedeutet dieser Satz für Jesus? Sprecht darüber.

? Was fühlst du, wenn jemand zu dir sagt: „Ich traue dir das zu“? Erinnere dich an eine Aufgabe, die dir übertragen wurde. Schreibe auf: Was hat dir Kraft gegeben?

## Jesus schenkt Hoffnung

Ruben erzählt: „Ich heiße Ruben und lebe mit meiner Familie in Kafarnaum, einer kleinen Stadt am See Gennesaret. Die Felder um den See sind fruchtbar. Ich bin Fischer, wie es auch mein Vater war. Wir wohnen schon lange hier, aber das Leben in Palästina hat sich durch die Römer verändert. Sie haben unser Land erobert und zu einer Provinz ihres riesigen Reiches gemacht. Jeden Tag fahren mein Bruder Benjamin und ich mit unserem Boot auf den See und fangen Fische, die wir dann auf dem Markt in Kafarnaum verkaufen. Doch seit die Römer da sind, müssen wir viele Steuern bezahlen und es bleibt uns kaum etwas zum Leben übrig. Besonders die Witwen, Waisen und Kranken treffen die Steuern sehr hart. Es gibt immer mehr Bettler in Kafarnaum. Viele junge Männer gehen fort und wollen für die Befreiung des Landes kämpfen. Doch kaum einer kommt zurück. Die Römer schlagen die Aufstände grausam nieder. Manchmal frage ich mich, wie Gott so etwas zulassen kann, oder ob er uns verlassen hat. Mein Freund Simon hat mir von einem Mann aus Nazaret erzählt. Er heißt Jesus. Er predigt in der Synagoge und geht auf Menschen zu, die arm, allein und krank sind. Seine frohe Botschaft von Gott lässt uns aufhorchen. Kann Jesus uns neue Hoffnung schenken?“

Wählt eine der folgenden Situationen aus und stellt sie in einem ➤ Rollenspiel dar:
- Ein Bauer und ein Fischer sprechen miteinander, was sie bedrückt und was sie hoffen.
- Eine Frau und ein kranker Mann unterhalten sich über das, was sie schon von Jesus aus Nazaret gehört haben.

# Jesus begegnen – neuen Mut finden

*Jesus kommt nach Kafarnaum. Er geht in das Haus von Freunden. Sogleich versammeln sich viele Menschen um ihn. Nicht einmal vor der Tür ist noch Platz.*

*Jesu spricht zu ihnen von Gott.*

*Vier Männer kommen. Sie tragen einen Gelähmten auf einer Liege. Sie wollen ihn zu Jesus bringen. Aber niemand lässt sie durch. Da decken sie dort, wo Jesus ist, das Dach des Hauses ab und lassen den Gelähmten durch die Öffnung zu Jesus hinab. Als Jesus ihren Glauben sieht, sagt er zu dem Gelähmten: „Deine Sünden sind dir vergeben!“*

*Die Schriftgelehrten* sind entsetzt. Sie denken, dass nur Gott Vergebung schenken kann.*

*Um ihnen zu zeigen, dass er in Gottes Namen handelt, sagt Jesus zu dem Gelähmten: „Steh auf, nimm deine Liege und geh nach Hause!“*

*Der Gelähmte steht auf, nimmt seine Liege und geht vor den Augen der Zuhörer weg.*

*Da geraten alle außer sich. Sie loben Gott und sagen: „So etwas haben wir noch nicht gesehen!“*

Nach Markus 2,1–12

## Gib uns Ohren, die hören

T/M: Bernd Schlaudt, nach dem Spiritual „Rock my Soul“, Rechte beim Urheber

- Betrachte das ➤ Bild. Besprecht: Was fällt dir auf? Wie erzählt das Bild die Bibelgeschichte?
- Beschriftet Sprechblasen für die Männer auf dem Dach: „Ich bringe meinen Freund zu Jesus, weil …“ Legt die Sprechblasen zum Bild.
- Spielt als Pantomime: Vor der Begegnung mit Jesus – nach der Begegnung mit Jesus.
- Singt das Lied. Besprecht: Wer hat in der Geschichte Ohren, die hören, Augen, die sehen …?

# Jesus begegnen – heil werden

## Jesus und Bartimäus

- Betrachte die Zeichnung. Erzähle die Geschichte. Verwende die Sprechblasen dazu.
- Lies die Geschichte von Bartimäus in der Bibel (Markus 10,46–52).
- Verbindet euch die Augen und probiert:
  - Schulsachen sortieren,
  - um ein Hindernis herumgehen,
  - eine Jacke anziehen,
  - ...

  Welche Fähigkeiten braucht ihr jetzt besonders? Sprecht über eure Erfahrungen.
- ? Die Leute sagen zu Bartimäus: „Schrei nicht, sei still." Jesus verhält sich anders.

  Die Jünger denken nach. Lass sie sprechen.
- Schreibe für Bartimäus einen Tagebucheintrag.
  - Erzähle, was er mit Jesus erlebt hat. Benutze die Sätze aus der Bibel.
  - Erkläre, warum Bartimäus Jesus nachfolgt.

## Jesus und Levi

*Jesus sieht Levi am Zoll sitzen und sagt zu ihm: „Komm, folge mir nach." Da steht Levi auf und folgt ihm nach. In Levis Haus isst Jesus mit vielen Zöllnern und Sündern.*

*Die Schriftgelehrten* sind empört: „Wie kann er mit Zöllnern und Sündern essen?" Jesus sagt zu ihnen: „Nicht die Gesunden brauchen den Arzt, sondern die Kranken."*

Nach Markus 2,14–17

? „Nicht die Gesunden brauchen den Arzt, sondern die Kranken." Besprecht miteinander: Wen meint Jesus in der Geschichte damit?

Levi folgt Jesus nach. Erzählt euch Geschichten: Wie geht Levis Leben weiter?

Gestaltet eine Collage: Wen würde Jesus heute besuchen?

# Der Vater kommt entgegen

*Jesus erzählt: Ein Mann hatte zwei Söhne. Der jüngere sagte: „Vater gib mir jetzt schon mein Erbe."*

*Da teilte der Vater seinen Besitz auf. Nach einigen Tagen packte der Sohn seine Sachen zusammen und zog in ein fernes Land. Dort führte er ein lustiges Leben und gab sein Geld mit vollen Händen aus. Als er nichts mehr hatte, kam eine große Hungersnot über das Land. Er bettelte einen Bürger des Landes an. Der schickte ihn zum Schweinehüten. Am liebsten hätte er vom Schweinefutter gegessen, so hungrig war er. Da dachte er in seinem Herzen: „Die Tagelöhner meines Vaters haben mehr als genug zu essen, ich aber sterbe hier vor Hunger. Ich will zu meinem Vater zurückkehren. Ich werde zu ihm sagen: Vater, ich habe gegen Gott und gegen dich gesündigt. Ich bin nicht mehr wert, dein Sohn zu sein. Lass mich wie einen Tagelöhner für dich arbeiten."*

*Er machte sich auf den Weg zu seinem Vater. Dieser sah ihn schon von Weitem kommen. Er hatte Mitleid mit ihm. Er lief dem Sohn entgegen. Er umarmte und küsste ihn.*

*Da sagte der Sohn: „Vater, ich habe gegen Gott und gegen dich gesündigt. Ich bin nicht mehr wert, dein Sohn zu sein!"*

*Der Vater aber sagte zu seinen Knechten: „Holt das beste Gewand. Bringt einen Ring und zieht ihm Schuhe an. Schlachtet das beste Kalb. Wir wollen essen und fröhlich sein. Mein Sohn war tot und nun lebt er wieder. Er war verloren und ist wiedergefunden worden."*

*Sie feierten ein fröhliches Fest.*

*Zur gleichen Zeit arbeitete der ältere Sohn auf dem Feld. Als er heimkam, hörte er Musik und Tanz. Er fragte einen Knecht: „Was bedeutet das?"*

*Der Knecht antwortete: „Dein Vater feiert ein Fest, denn dein Bruder ist zurückgekehrt."*

*Da wurde der ältere Sohn zornig und wollte nicht mitfeiern. Sein Vater kam heraus und redete ihm gut zu. Doch er sagte: „Vater, ich arbeite schon viele Jahre für dich. Immer habe ich getan, was du gesagt hast. Niemals konnte ich mit meinen Freunden ein Fest feiern. Jetzt aber kommt der da zurück, dein Sohn, der das ganze Geld verschleudert hat, und du feierst ein Fest!"*

*Der Vater antwortete: „Mein Kind, du bist immer bei mir. Alles, was mir gehört, gehört auch dir. Aber jetzt müssen wir ein Fest feiern. Dein Bruder war tot und er lebt wieder. Er war verloren und ist wiedergefunden worden."*

Nach Lukas 15,11–32

Erzählt die Geschichte in Ich-Form, wie sie der Vater erlebt hat, der ältere Sohn, der jüngere Sohn. Teilt euch dazu in Gruppen auf und tragt eure Ergebnisse der Klasse vor.

Der ältere Sohn begegnet seinem jüngeren Bruder. Spielt die Begegnung.

Schreibe die Geschichte so um, als würde sie sich heute abspielen.

Beschreibe das Bild. Achte besonders auf die Farben.

Besprecht miteinander: Warum passen die Farben zu den Personen in der Geschichte?

# Jesus erzählt vom Reich Gottes

Jesus spricht oft von einem Reich, in dem es friedlich und gerecht zugeht. Er sagt zu den Menschen, die ihm zuhören, dass das Reich Gottes schon hier und jetzt beginnt.
Viele sind von seiner Botschaft begeistert. Jesus zeigt ihnen, was in Gottes Reich wichtig ist: Er wendet sich Kranken zu und nimmt Zöllner und Sünder in die Gemeinschaft auf. Bei ihm können sie spüren, dass sie für Gott wertvoll sind.
Jesus fordert seine Zuhörerinnen und Zuhörer auf, seinem Beispiel zu folgen. Das fällt vielen nicht leicht. Da erzählt Jesus ihnen eine Geschichte, die sie dazu auffordert, sich zu entscheiden:

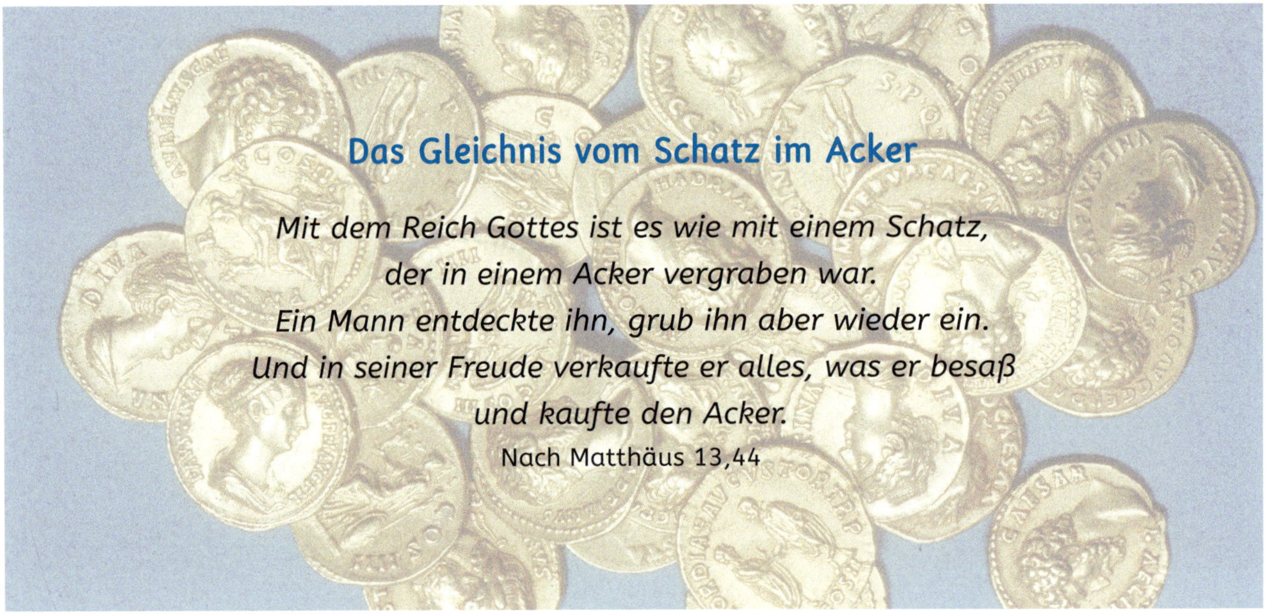

## Das Gleichnis vom Schatz im Acker

*Mit dem Reich Gottes ist es wie mit einem Schatz,*
*der in einem Acker vergraben war.*
*Ein Mann entdeckte ihn, grub ihn aber wieder ein.*
*Und in seiner Freude verkaufte er alles, was er besaß*
*und kaufte den Acker.*

Nach Matthäus 13,44

- Die Zuhörerinnen und Zuhörer von Jesus unterhalten sich: Was meint er mit dem Gleichnis? Spielt die Unterhaltung.
- Schreibe auf Karten, was dir im Leben wichtig ist.
- ? Bringe die Karten in eine Reihenfolge, die zeigt, was für dich das Wichtigste und was weniger wichtig ist.

Wie ein Lauffeuer verbreitet sich die Hoffnungsbotschaft vom Reich Gottes. Aber es gibt auch viele, die sagen: Wie soll das, was Jesus erzählt, wahr werden? Wo ist es zu sehen? Jesus sagt:

*Das Reich Gottes gleicht einem Senfkorn. Dieses ist das kleinste von allen Samenkörnern, die man in die Erde sät. Ist es aber gesät, dann geht es auf und wird größer als alle anderen Gewächse und treibt große Zweige, sodass in seinem Schatten die Vögel des Himmels nisten können.*

Nach Markus 4,30–32

*1000 winzige Samenkörner des Senfstrauchs, wie er in Israel wächst, wiegen nur 1 Gramm. Die Sträucher werden bis zu 3 Meter hoch.*

Stellt das Wachstum des Senfstrauchs mit eurem Körper dar oder drückt es mit Musikinstrumenten aus.

Besprecht miteinander: Wo entdeckt ihr etwas vom Reich Gottes in eurer Klasse, in der Familie ...

Schreibt auf Papierstreifen, was Jesus gesagt und getan hat. Legt damit einen Senfstrauch als Bodenbild. Schreibt auf andersfarbige Papierstreifen: „Das Reich Gottes beginnt ...“ Ergänzt damit das Bodenbild.

# Jesus erzählt vom barmherzigen Samariter

Ein Gesetzeslehrer* fragt Jesus: Wer ist mein Nächster?
Da antwortet Jesus mit einer Geschichte:

*Ein Mann ging von Jerusalem nach Jericho.*

*Unterwegs wurde er von Räubern überfallen. Sie raubten ihn aus, schlugen ihn halb tot und gingen weg.*

*Zufällig kam ein Priester auf diesem Weg entlang. Er ließ den Mann liegen und ging weiter. Auch ein Tempeldiener kam zu der Stelle. Er sah den Mann liegen und ging weiter.*

- Stellt die Geschichte mit verschiedenen Musikinstrumenten dar.
- Male die Personen der Geschichte in dein Heft. Schreibe zu jeder Person in einer Gedankenblase, warum sie hilft oder nicht hilft.
- Der überfallene Mann kommt nach Hause. Er erzählt seiner Familie, was er erlebt hat. Schreibe seine Worte auf und lies sie der Klasse vor.
- **?** Hast du schon einmal von jemand Hilfe bekommen, von dem du es nicht erwartet hast? Erzähle, was du erlebt hast.

*Da kam ein verachteter Mann aus Samaria, der auf einer Reise war. Als er den Verletzten sah, hatte er Mitleid. Er ging zu ihm hin und verband seine Wunden.*

*Dann hob er ihn auf seinen Esel, brachte ihn in ein Gasthaus und sorgte für ihn.*

*Als er am nächsten Morgen weiterreisen musste, gab er dem Wirt zwei Silbermünzen und sagte: „Pflege den Mann, und wenn du mehr Geld brauchst, werde ich es dir bezahlen, wenn ich zurückkomme."*

Nach Lukas 10,29–35

- Finde weitere Wörter, die zu „barmherzig" passen: liebevoll, gütig …
- Wer ist mein Nächster? Schreibe zu dieser Frage ein Elfchen-Gedicht.
- Findet Berufe, bei denen Menschen einander helfen. Denkt euch dazu Rätsel aus und lasst die anderen raten.

# Am Reich Gottes mitarbeiten

## Jesus ruft Menschen

*Als Jesus am See von Galiläa entlanggeht, sieht er die Brüder Simon und Andreas, die auf dem See ihr Netz auswerfen. Sie sind Fischer. Da sagt er zu ihnen: „Kommt her, folgt mir nach! Ich mache euch zu Menschenfischern.“ Sofort lassen sie ihre Netze liegen und folgen ihm.*

Nach Markus 1,16–18

Stellt das Bild nach. Fühlt euch in die Haltung der Personen ein. Tauscht eure Erfahrungen aus.

Die beiden Fischer, Simon und Andreas, diskutieren: „Sollen wir Jesus folgen?“ Spielt das Gespräch.

## Zu Besuch im Seniorenheim

Die vierte Klasse einer Grundschule hat ein Seniorenheim besucht und dort einen Spielenachmittag gestaltet.

Ein Schüler berichtet: „Wir haben uns in Gruppen aufgeteilt und mit den Bewohnern Domino, Mensch ärgere dich nicht und Quartett gespielt. Es hat allen großen Spaß gemacht. Zum Abschied verschenkten wir selbst gemalte Bilder, Karten mit guten Wünschen und Spiele, die wir extra groß gebastelt hatten, damit die Senioren alles gut sehen konnten. Eine Bewohnerin sagte uns zum Schluss: ‚Wir waren auch alle einmal so jung wie ihr.' Sie wünschte uns, dass wir so lebhaft bleiben. Das hat uns sehr beeindruckt. Unsere Lehrerin hat vorgeschlagen, dass wir bis zum Ende des Schuljahres in kleinen Gruppen in das Wohnheim gehen könnten. Alle in der Klasse fanden das Projekt toll. Wir freuen uns schon wieder auf die Senioren."

? Die Schülerinnen und Schüler spielen gern mit den Seniorinnen und Senioren. Besprecht miteinander, warum sie damit am Reich Gottes mitarbeiten.

Plant zusammen mit eurer Lehrerin oder eurem Lehrer ein ähnliches Projekt.

# Nachdenken – mitfühlen – handeln

Da ist einer unterwegs, einer wie sonst keiner!
Was er sagt und was er tut, das macht Mut!
Die Müden baut er auf, er legt die Hände auf.
So spüren sie, da ist einer nah und voller Liebe da.
Die Lahmen können gehn, die Blinden wieder sehn.
Und die sonst keiner haben will, er sucht sie zu verstehn.

Kathi Stimmer-Salzeder

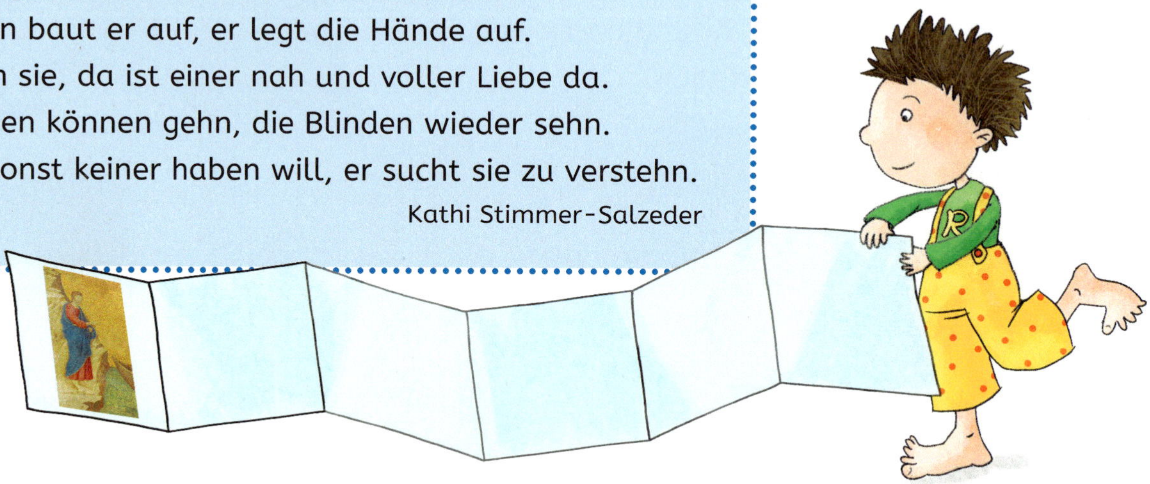

- Suche aus dem Gedicht einen Satz aus und ordne ihn einer Geschichte in diesem Kapitel zu.
- Gestalte mit den Geschichten dein eigenes Jesus-Buch. Du kannst eine Kopie des Bildausschnitts auf Seite 79 für das Titelblatt verwenden.
- In der Zeitung oder im Internet findet ihr Beispiele von Menschen, die sich für andere einsetzen:
  - Besprecht, wie diese Menschen sich damit an Jesus orientieren.
  - Gestaltet mit Berichten und Fotos ein Plakat. Sucht besonders nach Beispielen in eurer Nähe.
- Ihr könnt das Vaterunser einmal anders beten, indem ihr die Bitte „Dein Reich komme“ erweitert:
  - Dein Reich komme, in dem alle Menschen ...
  - Dein Reich komme, in dem niemand ...
  - Dein Reich komme, in dem ich erfahren darf ...
  - Dein Reich komme ...

## Ich bin gefragt

- **Das habe ich verstanden und neu gelernt.**
- **Das hat mir besonders gefallen.**
- **Dazu möchte ich noch mehr wissen oder etwas gestalten.**

# Menschen erfahren: Jesus lebt

# Jesus zeigt seine Liebe ...

Wieder war die Zeit des Pascha-Fests* gekommen. Viele Juden kamen in die Stadt Jerusalem, um sich gemeinsam mit ihren Familien und Freunden an die Befreiung aus Ägypten zu erinnern und zu feiern (siehe Seite 74/75). Auch Jesus wollte mit seinen Freunden das Pascha-Mahl feiern. Es wurde sein Abschiedsmahl.

*Während des Mahls*
*nahm er das Brot und*
*sprach den Lobpreis;*
*dann brach er das Brot,*
*reichte es ihnen und*
*sagte: „Nehmt,*
*das ist mein Leib."*
*Dann nahm er den Kelch,*
*sprach das Dankgebet,*
*gab ihn den Jüngern und*
*sie tranken alle daraus.*
*Und er sagte zu ihnen:*
*„Das ist mein Blut des*
*Bundes, das für viele*
*vergossen wird."*

Markus 14,22–24

Aus Getreide wird Brot.
Brot ist ein Zeichen für das, was Menschen zum Leben brauchen.
Jesus nimmt dieses Zeichen und sagt: „Das ist mein Leib."
Das bedeutet: Das bin ich. Das ist mein Leben.
Ich habe es für euch und mit euch gelebt.

# … bis zum Tod

*Um die sechste Stunde*
*brach eine Finsternis über*
*das ganze Land herein.*
*In der neunten Stunde schrie*
*Jesus mit lauter Stimme:*
*„Mein Gott, mein Gott,*
*warum hast du mich verlassen?“*
*Dann starb er.*
*Als ein römischer Hauptmann,*
*der Jesus gegenüberstand,*
*ihn so sterben sah, sagte er:*
*„Wahrhaftig, dieser Mensch*
*war Gottes Sohn.“*

Nach Markus 15,33–39

- Besorgt einen Laib Brot. Teilt das Brot untereinander auf und esst es. Achtet darauf, wie es schmeckt. Tauscht euch aus: Wie ist es, wenn man Brot in Gemeinschaft isst?
- Schreibt den Satz „Das ist mein Leben für euch“ auf ein Plakat. Besprecht: Wem hat Jesus seine Nähe geschenkt? Schaut dazu auch in Kapitel 6 nach. Gestaltet eure Antworten als Geschichten oder Bilder und klebt sie auf das Plakat.
- Lest die ganze Leidensgeschichte Jesu in eurer Schulbibel (Markus 14–15).
- Schreibe einen Satz aus der Geschichte, der dich besonders berührt, auf eine Karte. Gestaltet mit einem Tuch und einem Kreuz die Mitte. Lest eure Sätze vor und legt sie um das Kreuz.
- Besucht eure Kirche und betrachtet die Kreuzwegstationen.

# Auferstehung Jesu ...

## Christus ist auferstanden, Halleluja

T: Alter Osterruf der orthodoxen Kirchen / M: Josef Seuffert

„Jesus ist auferstanden!" Wer konnte diese Botschaft zuerst hören? Lest in der Bibel nach (siehe Markus 16).

„Halleluja" bedeutet „Lobt Gott". Singt den Liedruf. Ihr könnt dazu einen Ostertanz gestalten.

Betrachte die Farben und das Licht im Kirchenfenster. Kannst du etwas von der Osterbotschaft darin entdecken? Tauscht eure Gedanken aus.

Gestaltet mit Transparentpapier ein Osterfenster.

# … unsere Hoffnung



*Brüder*
*und Schwestern,*
*trauert nicht wie die andern,*
*die keine Hoffnung haben. Wenn*
*Jesus – und das ist unser Glaube –*
*gestorben und auferstanden ist, dann*
*wird Gott durch Jesus auch die*
*Verstorbenen in die Gemeinschaft*
*mit ihm führen.*
*Tröstet also einander*
*mit diesen Worten!*
Nach 1 Thessalonicher
4,13.14.18

- Paulus schreibt, dass Christen nicht so trauern sollen wie die anderen.
  Besprecht miteinander: Was meint er damit?
- Beschreibt die Osterkerze. Erklärt, was die Osterkerze bedeutet.
- Entdeckt auf dem Grabkreuz Zeichen, die von der Hoffnung der Christen sprechen.
- Besucht gemeinsam einen Friedhof. Entdeckt dort Zeichen und Worte der christlichen Hoffnung.

# Unterwegs sein – Jesus begegnen

*Am ersten Tag der Woche fanden Frauen das Grab Jesu leer. Zwei Männer in leuchtenden Gewändern traten zu ihnen und sprachen: „Was sucht ihr den Lebenden bei den Toten? Er ist nicht hier, er ist auferstanden."*
*Am gleichen Tag waren zwei Jünger auf dem Weg nach Emmaus, das sechzig Stadien von Jerusalem entfernt war.*

Nach Lukas 24,1–6

„Ich habe keine Hoffnung mehr. Jesus ist tot."

„Ja, alles war umsonst. Seltsam ist nur, dass einige Frauen das Grab leer vorfanden. Was hältst du davon?"

Jesus kommt hinzu. Sie erkennen ihn nicht. Er fragt: „Worüber redet ihr da?" „Weißt du nicht, was in Jerusalem geschehen ist?" „Jesus von Nazaret ist ans Kreuz geschlagen worden."

„Wir wissen nicht,
warum das geschehen musste."
Jesus antwortet:
„In der Schrift steht geschrieben:
Der Messias muss leiden und
verurteilt werden!"

„Brannte nicht unser Herz, als er uns die Schrift erklärte?"
„Wir müssen das sofort den anderen in Jerusalem erzählen!"

Am Abend bitten sie ihn zu bleiben. Jesus nimmt das Brot, dankt, bricht es und gibt es ihnen. Da gehen ihnen die Augen auf und sie erkennen ihn.

T: nach Lukas 24,29 / M: Albert Thate


- Stellt in Pantomime dar: die Jünger auf dem Weg nach Emmaus – die Jünger auf dem Weg nach Jerusalem.
- Führt das Gespräch der beiden Jünger auf dem Weg nach Jerusalem in Partnerarbeit weiter.
- Betrachte das ➤ Bild auf Seite 95 Welche Szene der Geschichte erkennst du?
- Tauscht euch aus: Wie zeigt die Künstlerin die Verbindung der Jünger mit Jesus?

# Zusammenkommen – auf Gottes Wort hören

T/M: Helmut Hucke 1971 nach einem amerikanischen Lied,

1. Zusammenkommen
2. Miteinander um Vergebung bitten
3. Auf Gottes Wort hören und darüber nachdenken
4. Gott bitten

# Zusammenkommen – Eucharistie feiern

*„Nehmt und esst alle davon:
Das ist mein Leib,
der für euch hingegeben wird.
Nehmt und trinkt alle daraus:
Das ist mein Blut,
das für euch vergossen wird.
Tut dies zu meinem Gedächtnis."*

5. Die Gaben bereiten

6. Im Hochgebet an Leben, Tod und Auferstehung Jesu erinnern

7. Die Kommunion feiern

8. Sich segnen und senden lassen

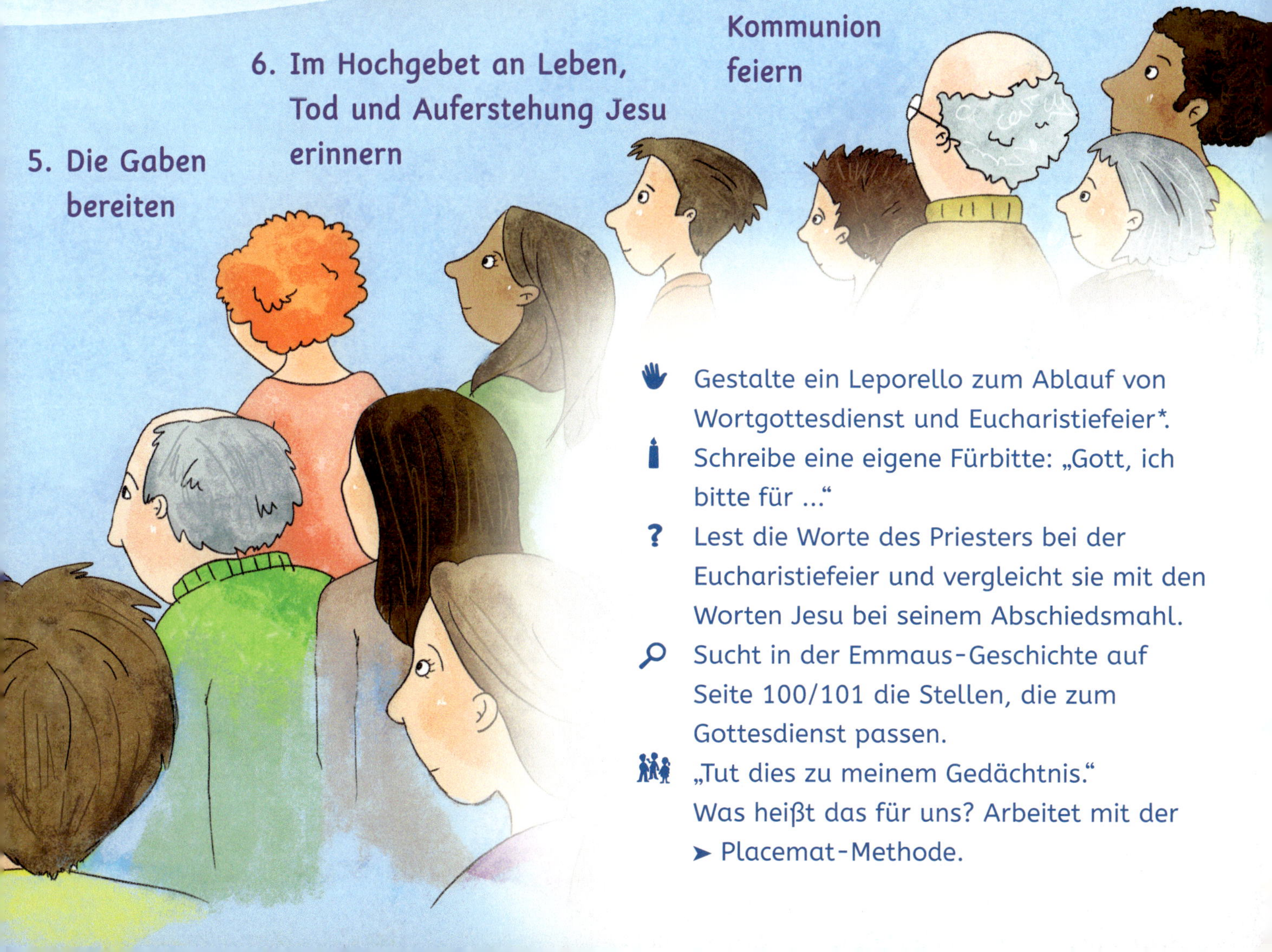

- Gestalte ein Leporello zum Ablauf von Wortgottesdienst und Eucharistiefeier*.
- Schreibe eine eigene Fürbitte: „Gott, ich bitte für ..."
- ? Lest die Worte des Priesters bei der Eucharistiefeier und vergleicht sie mit den Worten Jesu bei seinem Abschiedsmahl.
- Sucht in der Emmaus-Geschichte auf Seite 100/101 die Stellen, die zum Gottesdienst passen.
- „Tut dies zu meinem Gedächtnis." Was heißt das für uns? Arbeitet mit der ➤ Placemat-Methode.

# Versöhnung finden

Lisa geht mit ihren Eltern am Sonntag in den Gottesdienst. Mit der Gemeinde betet sie am Anfang: „Ich bekenne, dass ich Gutes unterlassen und Böses getan habe.“ Sofort fällt ihr ein Streit mit ihrer Freundin Mila ein. Sie hat sich in der Schule über Milas unmodische Kleidung lustig gemacht. Das tut Lisa jetzt leid. Da geht ihr plötzlich auf, dass sie nicht alleine dasteht mit dem, was sie falsch gemacht hat. Alle haben Grund, Gott um Vergebung zu bitten.

Lisa hört im Evangelium* folgende Sätze:

*Nach seiner Auferstehung erschien*
*Jesus den Jüngern.*
*Jesus trat in ihre Mitte und sagte*
*zu ihnen: „Friede sei mit euch.“*
*Da freuten sich die Jünger, als sie*
*den Herrn sahen.*
*Jesus sagte noch einmal zu ihnen:*
*„Friede sei mit euch.*
*Wie mich der Vater gesandt hat,*
*so sende ich euch!“*
*Er hauchte sie an und sprach:*
*„Empfangt den Heiligen Geist!*
*Wem ihr die Sünden vergebt, dem*
*sind sie vergeben.“*

Nach Johannes 20,19–23

- Auch im Vaterunser beten wir, dass wir einander vergeben. Findet den Satz, erklärt ihn und gestaltet ihn auf einer Spruchkarte.
- Besprecht: Was hat das Verhalten gegenüber Eltern, Geschwistern oder Freunden mit Gott zu tun? Benutzt für eure Antworten auch die Texte auf den Seiten 71 und 105.
- Jesus schenkt uns seinen Frieden. Tauscht euch im ➤ Kugellager aus: Wie können wir einander den Frieden weitergeben?

## Lisa geht zum ersten Mal zur Beichte

In der Vorbereitung hat Lisa mit ihrer Kommuniongruppe die einzelnen Schritte kennengelernt, die zu einer Beichte gehören. Jetzt denkt sie über ihr Leben nach: über die guten und schönen Erfahrungen und Erlebnisse, aber auch über die weniger guten. Sie weiß, was ihr leidtut und was sie bereut. Im Gotteslob (Nummer 598.4) findet sie ein Gebet, das ihr hilft, auch Gott um Verzeihung zu bitten.

Mit dem Priester spricht Lisa über ihr Leben, was ihr gut gefällt, was sie alles kann und unternimmt und wie sie mit ihren Eltern zurechtkommt. Natürlich erzählt sie auch, was ihr auf dem Pausenhof in der vergangenen Woche mit Mila passiert ist. Sie merkt, dass es guttut, noch einmal darüber zu reden, auch über ihre Versuche, sich mit Mila wieder zu versöhnen. Der Priester erklärt ihr: „Gott will, dass das Leben aller Menschen gelingt, auch deines und das von Mila. Erinnerst du dich an Zachäus oder an das Gleichnis vom barmherzigen Vater? Immer geht es darum, dass Menschen zu einem guten Leben finden, dass sie wieder froh sind, auch wenn sie Schuld auf sich geladen haben. Das darf ich auch dir zusprechen.“ Am Ende des Gesprächs segnet der Priester Lisa und sagt: „Deine Sünden sind dir vergeben. Gehe hin in Frieden.“

Diese Schritte hat Lisa bei der Vorbereitung zur Beichte gelernt:
- über das Leben nachdenken
- falsches Verhalten bereuen
- nachdenken, was man besser machen will
- Gottes Vergebung zugesagt bekommen
- für die Versöhnung mit Gott danken

# Nachdenken – mitfühlen – handeln

## Herr, wir bringen in Brot und Wein

T: Hans Bernhard Meyer / M: Peter Janssens

Singt das Lied. Findet Gebärden dazu.

An welcher Stelle im Gottesdienst passt das Lied?

Schreibe zum Wort „Brot“ ein Sinne-Gedicht: Brot schmeckt wie ..., Brot riecht wie ... Verziere deinen Text.

Feiert zum Thema „Wir sind mit Jesus verbunden“ einen Schulgottesdienst:
- wählt einen Bibeltext
- gestaltet Gebete
- bringt eure Fürbitte ein
- findet Lieder
- ...

### Ich bin gefragt

- Das habe ich verstanden und neu gelernt.
- Das hat mir besonders gefallen.
- Dazu möchte ich noch mehr wissen oder etwas gestalten.

# 8 Menschen erzählen von Gott: Die Bibel entsteht

# Ein weitverbreitetes Buch – die Bibel

## Fakten – Fakten – Fakten

Die Bibel und Bibelteile sind in über 2400 Sprachen übersetzt.
Jährlich werden etwa 700 Millionen Bibeln gedruckt.
Die Texte der Bibel stammen aus vielen Jahrhunderten.
Das Wort „Bibel" kommt vom griechischen Wort *biblia*.
Es heißt übersetzt „die Bücher".
Die Bibel besteht aus zwei großen Teilen: dem Alten Testament* (AT) und dem Neuen Testament* (NT).
Sie ist eine Sammlung aus vielen einzelnen Schriften.

Besprecht miteinander, weshalb die Bibel auf der ganzen Welt verbreitet ist.

Welche Geschichten, Personen, Orte, Berufe ... aus der Bibel kennst du? Erzähle.

Bringt Bibeln von daheim mit. Stellt die verschiedenen Ausgaben einander vor.

? Zähle auf: In welchen Situationen lesen Menschen die Bibel? Schau dir die Fotos an. Dir fällt sicher noch mehr ein.

Betrachte das ➤ Bild auf Seite 107. Beschreibe, wie die Figur in der Bibel liest.

Wie gehst du mit einem Buch um, das dir viel bedeutet? Erzähle.

# Der erste Teil der Bibel – das Alte Testament entsteht

Der jüdische Junge Ben erzählt auf Seite 74/75, wie sich die Juden jedes Jahr bei der Pascha-Feier* an die Zeit der Sklaverei und der Befreiung aus Ägypten erinnern. Ben fragt seinen Vater: „Woher wissen wir das alles? Es ist doch schon viele Hundert Jahre her."

Sein Vater antwortet: „Das ist eine interessante Frage. Du musst dir das ungefähr so vorstellen: Die Befreiung aus der Sklaverei in Ägypten haben die Israeliten nicht vergessen, vor allem nicht die Hilfe Gottes. Sie haben es ihren Kindern erzählt und diese haben es ihren Kindern weitererzählt. Sie haben in Freude und im Leid zu Gott gebetet, ihm gedankt und ihn gelobt in Liedern und Erzählungen. Sie haben auch die Gebote, die Gott am Berg Sinai dem Mose gegeben hat, immer weiter überliefert."

Ben: „Auch die Christen lesen unsere Schriften. Sie nennen sie das Alte Testament*."

Vater: „Du hast ganz recht. Die Christen haben die Erzählungen von Jesus und noch weitere Schriften gesammelt. Sie nennen dies das Neue Testament*."

Ben: „Und wer hat das alles aufgeschrieben?"

Vater: „Menschen, die schreiben konnten, haben allmählich einzelne Geschichten, Lieder, Gebote gesammelt und sie auf Schriftrollen geschrieben. Sie wurden in eine sinnvolle Reihenfolge gebracht. So entstanden im Laufe der Zeit unsere Heiligen* Schriften: die Tora* und die übrigen Schriften. Sie sind in hebräischer Sprache verfasst."

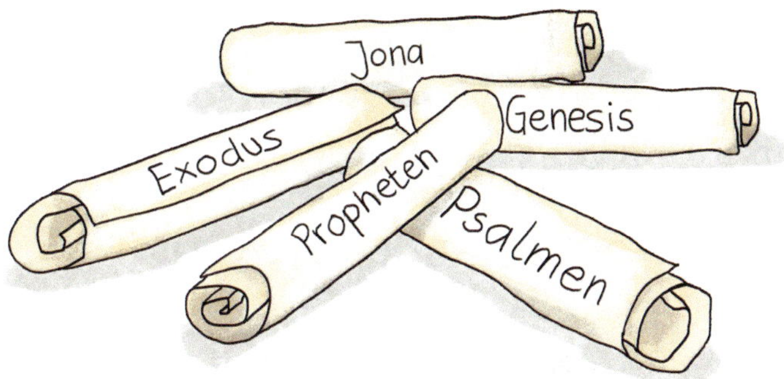


Wie könnt ihr Ereignisse, die für euch wichtig sind, in Erinnerung halten? Sammelt eure Ergebnisse in einer ➤ Mindmap.

Sucht zu zweit in einer Bibel die Namen der Schriftrollen.

# Der zweite Teil der Bibel – das Neue Testament entsteht

Für die Christen ist das Neue Testament* der zweite Teil der Bibel. Es enthält die vier Evangelien*, die Apostelgeschichte, Briefe von Aposteln* und die Offenbarung des Johannes. Das Neue Testament ist in griechischer Sprache geschrieben. So könnte ein Evangelium entstanden sein: Jonathan, ein junger Christ, besucht Markus in seiner Schreibwerkstatt. Markus ist dabei, ein Evangelium zu verfassen.

Jonathan: „Da liegen ja ganz viele Schriftrollen herum. Woher hast du die vielen Rollen?“

Markus: „Christen haben zunächst Geschichten von Jesus weitererzählt. Später wurden diese aufgeschrieben, besonders das, was Jesus gesagt hat, und seine Wunder. Auch in meiner Gemeinde wurden zum Beispiel seine Gleichnisse erzählt. Vor allem aber seinen Tod am Kreuz und die Botschaft von seiner Auferweckung werden wir nie vergessen."

Jonathan: „Was machst du jetzt mit den Schriftrollen, in denen die Erzählungen über die Worte und Taten Jesu stehen?"

Markus: „Ich bin gerade dabei, alles, was ich gesammelt habe, zu sortieren, zu ergänzen und daraus eine zusammenhängende Geschichte zu schreiben. Ich nenne meine Sammlung Evangelium. Viele Gemeinden warten bereits darauf, dass sie eine solche Sammlung von Jesu Taten und Worten bekommen."

- Übertragt die Titel der Schriftrollen auf Kärtchen. Bringt sie in eine sinnvolle Reihenfolge und begründet eure Entscheidung.
- Neben Markus haben noch drei weitere Männer ein Evangelium geschrieben. Sucht im Lexikon die Namen dieser Evangelisten.

? Markus nennt seine Sammlung ein Evangelium, eine frohe Botschaft, eine gute Nachricht. Überlegt, warum die Worte und Taten Jesu damals und heute eine gute Nachricht sein können.

# In der Bibelwerkstatt

**?** Sucht in Partnerarbeit die Bibelstellen auf dem Plakat an der Wand in eurem Religionsbuch. Lest euch die Geschichten vor. Ordnet sie dem Alten* oder dem Neuen Testament* zu. Vergleicht eure Ergebnisse.

Plant mit der evangelischen Religionsgruppe eine Bibelnacht. Überlegt euch ein Thema, zum Beispiel „Weg“ oder „Nacht“ oder „Advent“. Sucht dazu biblische Erzählungen, Spiele, Lieder und Gebete.

Betrachtet den Bibelschrank. Besprecht miteinander, wohin die herausgenommenen Bücher gehören. Eine Bibel kann euch dabei helfen.

Gestalte einen eigenen Bibelschrank.

Formuliere ein eigenes Klassengebet. Schlag dafür die angegebenen Stellen in einer Bibel nach. Finde noch weitere passende Bibelstellen.

Erzählt, was euch zu den Wortkarten auf dem Tisch der Bibeldetektive einfällt.

# Schreiben – Gestalten

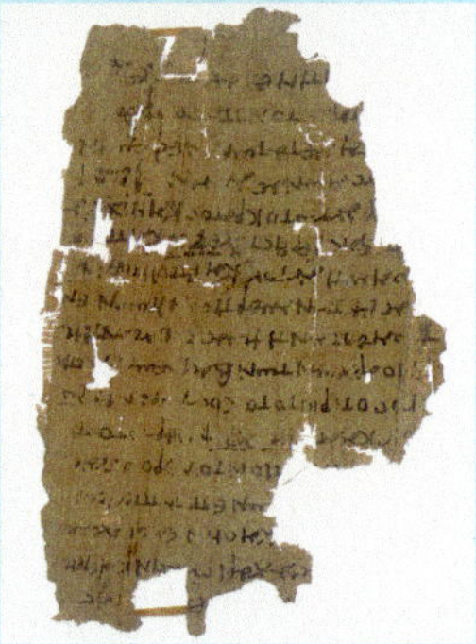

Menschen erzählten einander ihre Erfahrungen mit Gott und schrieben diese dann auf Tierhäute oder auf Papier, das sie aus der Papyrus-Staude gewonnen hatten. Sie benutzten dazu einen Federkiel und selbst hergestellte Tinte. Sie schrieben in hebräischer und griechischer Sprache.

Im Mittelalter schrieben Mönche* in den Klöstern über viele Monate und Jahre die Bibel ab, malten Bilder dazu und verzierten oft kunstvoll die Anfangsbuchstaben eines Kapitels. Diese sehr wertvollen Bibeln werden heute in Bibliotheken und Museen aufbewahrt.

- Fertige mit Papierstreifen in Flechtarbeit ein „Papyrusblatt“ an. Beschrifte es mit einem Psalmvers*.

- ★ Gestalte einen kurzen Bibeltext wie die Mönche im Mittelalter mit einem besonders verzierten Buchstaben am Anfang.

# Drucken – Digitalisieren

Vor etwa 500 Jahren erfand Johannes Gutenberg bewegliche Buchstaben aus Metall. Damit konnte er Texte zusammensetzen. Auf diese Weise konnten mehrere Bücher auf einmal gedruckt werden. Das erste Buch, das er druckte, war eine Bibel.

Heute gibt es Bibeln nicht nur als Buch, sondern auch digital. Die Bibel kann als E-Book gelesen werden. Man kann sie als App auf das Handy oder auf das Tablet herunterladen.

Informiere dich im Internet über die Gutenberg-Bibel. Trage deine Ergebnisse in der Religionsgruppe vor.

Welche Vorteile haben die modernen Medien für die Benutzung der Bibel? Zähle auf.

# Nachdenken – mitfühlen – handeln

- Lies die Aussagen über die Bibel. Welche Aussage spricht dich an? Erkläre, warum.
- ? Die Bibel hat für viele Menschen früher und heute noch eine große Bedeutung. Sucht nach Gründen dafür.
- Formuliere eine eigene Aussage: „Die Bibel ist für mich …“
- Beschreibe den Prozess der Entstehung der Bibel. Folgende Wörter helfen dir: erleben – erzählen – aufschreiben – sammeln – sortieren.
- ★ Gestalte ein Lapbook zum Thema Bibel mit allem, was du nun weißt.
- Finde heraus, was Martin Luther mit der Bibel zu tun hat. Frage auch die evangelische Religionsgruppe.

## Ich bin gefragt

- Das habe ich verstanden und neu gelernt.
- Das hat mir besonders gefallen.
- Dazu möchte ich noch mehr wissen oder etwas gestalten.

# 9 Wir sind Christen

# So fing es mit der Kirche an – Pfingsten

*Nach der Auferstehung Jesu kamen die Jünger öfter zusammen. Sie erinnerten sich an alles, was sie mit Jesus erlebt hatten. Und sie fragten sich: Wie soll es jetzt mit uns weitergehen?*

*Es kam der Pfingsttag*, und alle Jünger waren am gleichen Ort. Da entstand plötzlich ein Brausen vom Himmel, als wenn ein gewaltiger Sturm losbrechen würde. Das ganze Haus, in dem sie waren, wurde davon erfüllt. Es zeigten sich über ihnen Zungen wie von Feuer. Auf jeden ließ sich eine nieder. Alle wurden mit dem Heiligen Geist erfüllt.*

*Die Jünger fingen an, in fremden Sprachen zu reden. Der Geist Gottes gab es ihnen ein. In Jerusalem wohnten fromme Juden aus allen Völkern. Als das Brausen anfing, liefen die Menschen zusammen. Sie hörten die Jünger in ihrer eigenen Sprache reden. Sie waren außer sich. Da trat Petrus gemeinsam mit den anderen Aposteln* vor. Er begann mit lauter Stimme zu reden: „Ihr Juden und ihr Bewohner von Jerusalem! Hört, was ich euch sage! Jesus aus Nazaret hat im Namen Gottes viele Wunder getan, wie ihr selbst gesehen habt. Ihr habt ihn durch die Römer ans Kreuz schlagen lassen und getötet. Gott aber hat ihn vom Tod auferweckt.“*

*Die Menschen hörten die Worte des Petrus. Es traf sie mitten ins Herz.*

*Sie fragten Petrus: „Was sollen wir tun?“*

*Petrus antwortete ihnen: „Kehrt um! Ändert euer Leben! Jeder von euch soll sich auf den Namen Jesus Christus taufen lassen. Dann wird Gott auch euch den Heiligen Geist schenken.“*

*Alle, die ihm glaubten, haben sich taufen lassen. An diesem Tag kamen etwa dreitausend Menschen zur Gemeinschaft der Jünger dazu.*

Nach Apostelgeschichte 2

- Die Jünger waren überwältigt. Finde die Bild-Worte, die zeigen, wie die Jünger diesen Pfingsttag erlebt haben.
- Erzählt mit verschiedenen Musikinstrumenten und bunten Tüchern die Pfingstgeschichte nach.
- Was ist an Pfingsten* geschehen? Schreibe eine Kurznachricht an einen Freund, eine Freundin.
- Betrachte das ➤ Bild. Vergleiche es mit der Pfingsterzählung. Achte besonders auf Farben und Bewegung.

CH

# So lebten die ersten Christen

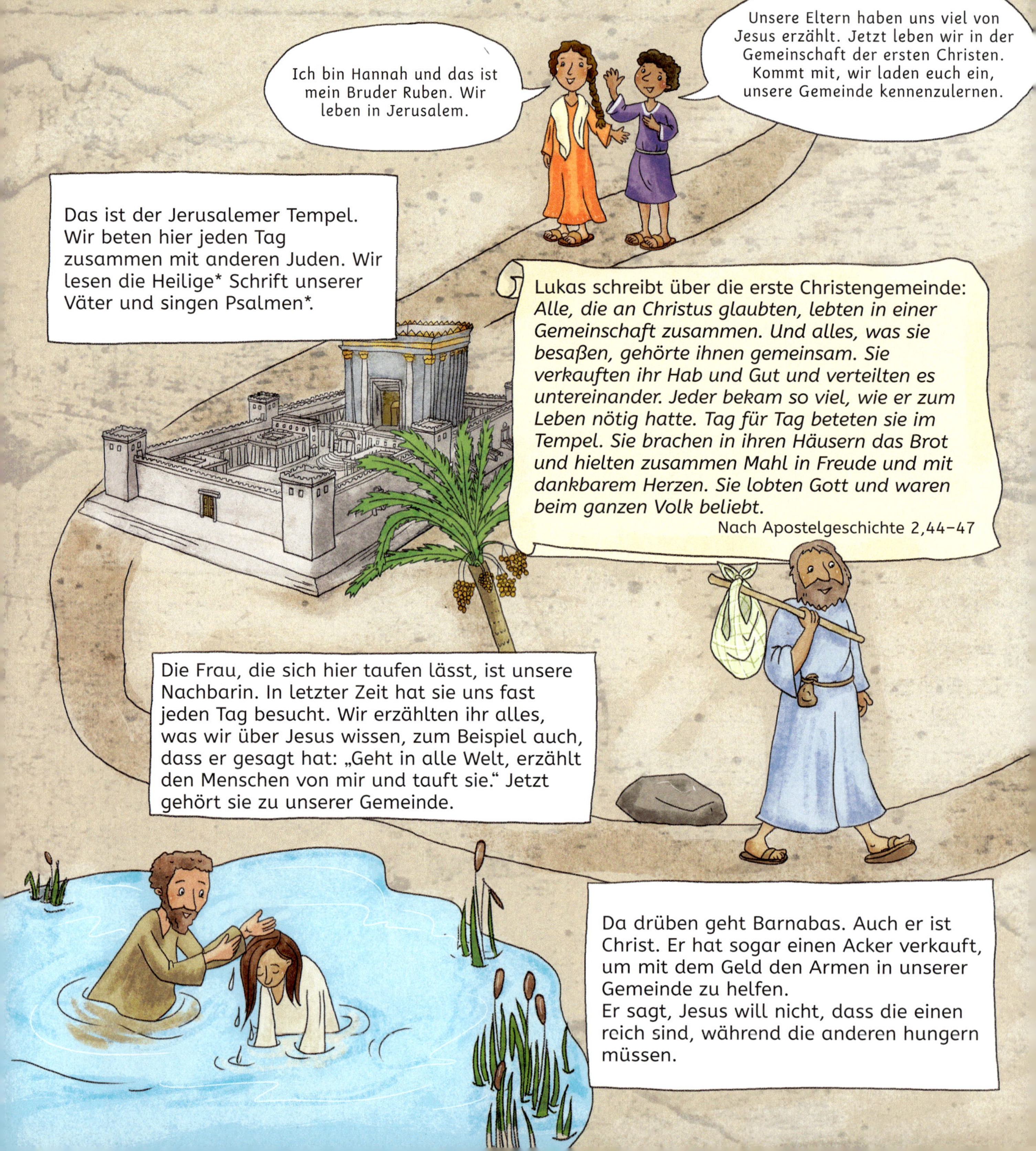


Das ist der Jerusalemer Tempel. Wir beten hier jeden Tag zusammen mit anderen Juden. Wir lesen die Heilige* Schrift unserer Väter und singen Psalmen*.

Lukas schreibt über die erste Christengemeinde: *Alle, die an Christus glaubten, lebten in einer Gemeinschaft zusammen. Und alles, was sie besaßen, gehörte ihnen gemeinsam. Sie verkauften ihr Hab und Gut und verteilten es untereinander. Jeder bekam so viel, wie er zum Leben nötig hatte. Tag für Tag beteten sie im Tempel. Sie brachen in ihren Häusern das Brot und hielten zusammen Mahl in Freude und mit dankbarem Herzen. Sie lobten Gott und waren beim ganzen Volk beliebt.*

Nach Apostelgeschichte 2,44–47

Die Frau, die sich hier taufen lässt, ist unsere Nachbarin. In letzter Zeit hat sie uns fast jeden Tag besucht. Wir erzählten ihr alles, was wir über Jesus wissen, zum Beispiel auch, dass er gesagt hat: „Geht in alle Welt, erzählt den Menschen von mir und tauft sie.“ Jetzt gehört sie zu unserer Gemeinde.

Da drüben geht Barnabas. Auch er ist Christ. Er hat sogar einen Acker verkauft, um mit dem Geld den Armen in unserer Gemeinde zu helfen.
Er sagt, Jesus will nicht, dass die einen reich sind, während die anderen hungern müssen.

Ruben und Hannah erleben in ihrer Gemeinde, was Lukas in der Apostelgeschichte schreibt. Vergleiche.

Schreibe einen Brief an Hannah oder Ruben. Berichte vom Leben in deiner Pfarrgemeinde.

# So leben Christen heute

Einander helfen

Glauben verkünden

Gemeinschaft erfahren

Gottesdienst feiern

Oben stehen die vier wichtigen Aufgaben der Christen. Man nennt sie auch Grundaufgaben. Ordnet ihnen ein Foto oder mehrere Fotos zu.

Wähle eine Grundaufgabe und finde weitere Beispiele dafür. Informiere dich auch in Pfarrbriefen dazu.

Vergleicht die Aufgaben der Christen heute mit denen der ersten Christen. Schaut dazu auf die Seiten 122/123.

## Ein Projekt verbindet Menschen

Luisa ist in der dritten Klasse der Grundschule Weisendorf. Ihre Schule geht eine Partnerschaft mit einer Schule in Nordindien ein. Die Armut ist dort sehr groß. Vielen Eltern fehlt das Schulgeld für ihre Kinder. Oft können Mädchen nicht die Schule besuchen, weil sie zu Hause und auf den Feldern arbeiten müssen. Viele Kinder haben nicht genug zu essen. Vom schmutzigen Wasser werden sie krank. Sie klagen deshalb über Bauchschmerzen.

Die Schüler und Schülerinnen von Weisendorf haben darum zusammen mit der Pfarrgemeinde und anderen Gruppen das Zubza-Projekt entwickelt. Die Bilder zeigen Kinder aus Zubza und Beispiele, was sich die Grundschüler und Grundschülerinnen alles einfallen ließen, um ihnen zu helfen. Mit dem gesammelten Geld soll eine neue Grundschule entstehen.

*Bretterbuden-Schule in Zubza*

*Die Schüler und Schülerinnen verkaufen Brot.*

*Pressekonferenz in Weisendorf: Hier geben die Schülerinnen und Schüler Auskunft über ihre Arbeit.*

? Sammelt Gründe, aus denen sich die Kinder aus Weisendorf für die Kinder in Zubza interessieren.

Beteiligt euch an einem Projekt, das Kinder in anderen Ländern unterstützt. Informiert euch dazu über christliche Hilfswerke oder die Partnerschaft eurer Diözese*.

# Ein Glaube – zwei Konfessionen

Luisa und Leon gehen in die gleiche Klasse, aber in verschiedene Religionsgruppen. Sie haben unterschiedliche Konfessionen. Luisa ist katholisch, Leon ist evangelisch. Für den Religionsunterricht suchen sie Fotos aus ihren Fotoalben heraus und vergleichen diese miteinander.

## Aus dem Fotobuch von Luisa:

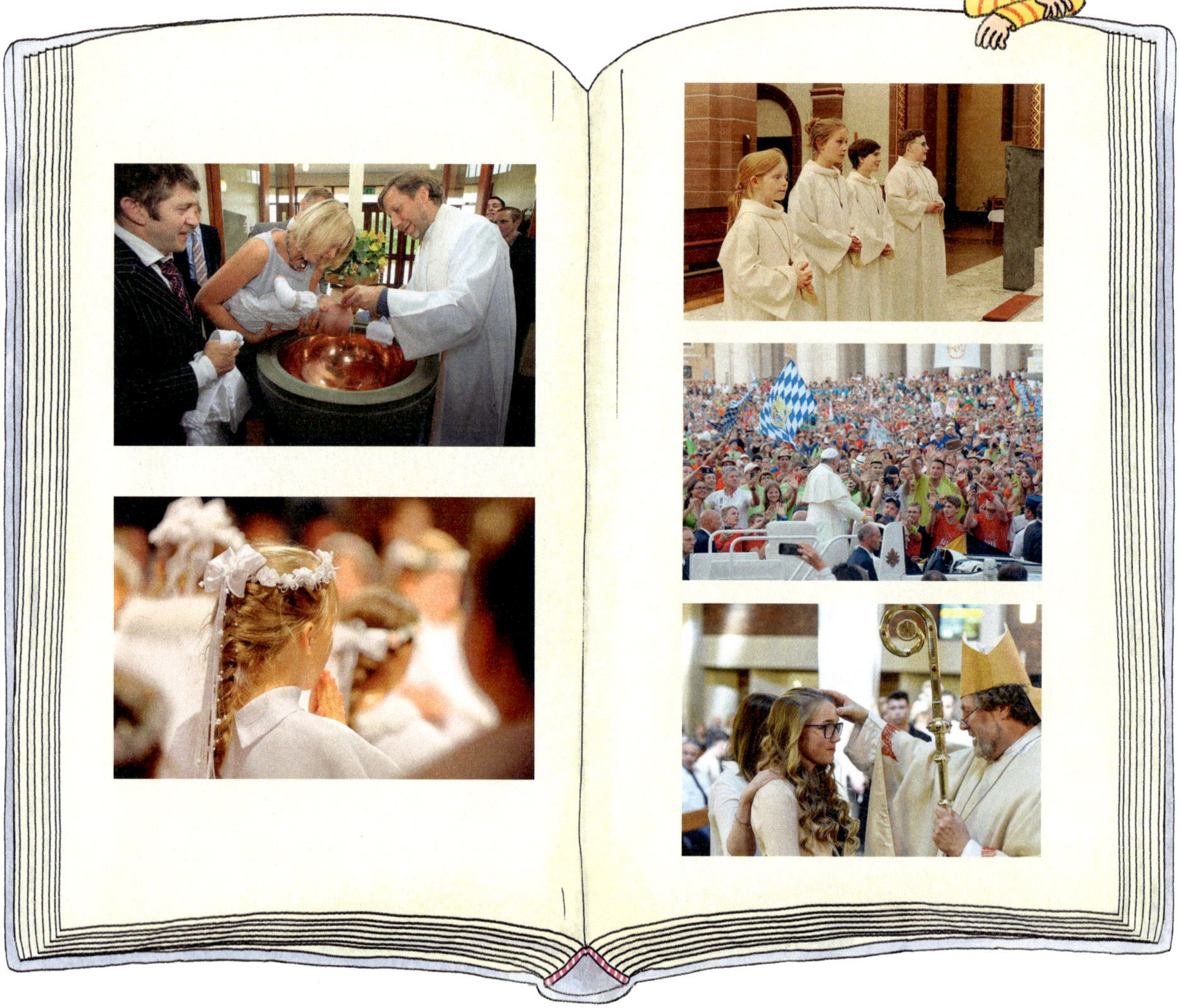

## Aus dem Fotobuch von Leon:

- Beschreibt, was ihr auf den Bildern seht. Welche Ereignisse sind dargestellt?
- Erzählt einander, was ihr kennt und was ihr selbst schon erlebt habt.
- Erklärt der evangelischen Religionsgruppe die Bilder aus Luisas Album. Lasst euch von ihnen die Bilder aus Leons Album erklären.
- Überlegt, welche Bilder in den beiden Fotoalben noch ergänzt werden können.

# Kirchenräume erkunden

? Vergleicht: Was haben beide Kirchen gemeinsam und was unterscheidet sie?

Findet heraus, welche der beiden Kirchen die katholische, welche die evangelische ist.

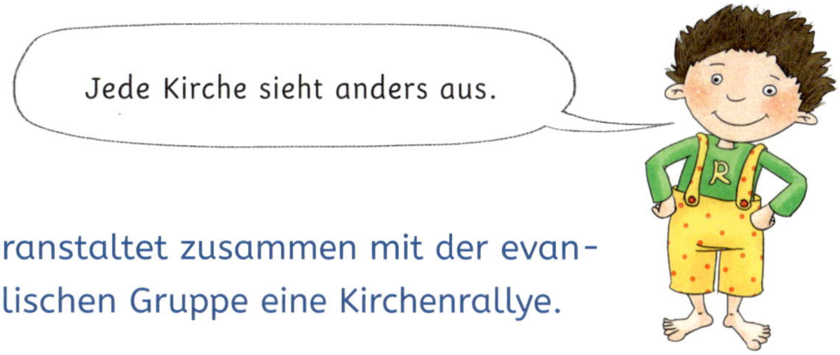


Besucht eine Kirche in eurer Nähe. Begründet: Woran erkennt ihr, ob es eine katholische oder evangelische Kirche ist?

Veranstaltet zusammen mit der evangelischen Gruppe eine Kirchenrallye.

# Miteinander leben und glauben – Ökumene

Nach den Ferien treffen sich Luisa und Leon auf dem Schulhof.

Luisa: „Kann ich in der nächsten Religionsstunde neben dir sitzen?"

Leon: „Ich bin doch mit meiner evangelischen Gruppe in einem anderen Zimmer."

Luisa: „Aber meine Religionslehrerin hat mir heute gesagt, dass wir die nächsten Male mit euch zusammen sind. Euer Religionslehrer ist in diesen Stunden auch dabei."

Leon: „Super! Warum ist das anders als sonst?"

Luisa: „Ich weiß es auch nicht. Ich bin gespannt, was wir zusammen machen."

In der ersten gemeinsamen Religionsstunde wird vorgestellt, was die beiden Religionsgruppen miteinander machen werden.

? Schaut euch das Symbol* für Ökumene* an. Überlegt, was das Schiff mit dem Kreuz und die Wellen bedeuten.

Was können die Religionsgruppen noch gemeinsam unternehmen? Ergänzt die Aufzählung.

Plant mit der evangelischen Gruppe ein ökumenisches Projekt. Die Ideen auf Seite 131 helfen euch. Präsentiert eure Ergebnisse auf einer Stellwand.

Ökumenische Projekte in unseren Gemeinden
Herzliche Einladung zu unserer Frühschicht
Mittwoch, um 7.30 Uhr
in unserem neuen Meditationsraum. Wir freuen uns auf dich!
Die katholischen und evangelischen Schüler/innen der vierten Klassen
Kinderbibeltag, am 22.10., ab 10 Uhr
Die Gemeinde der Erlöserkirche und die Pfarrei St. Andreas laden alle Kinder im Alter von 6–10 Jahren zum Kinderbibeltag ein.
Thema: Jona läuft davon
TelefonSeelsorge
Anonym. Kompetent. Rund um die Uhr.
Ökumenische Sozialstation
Krankenpflege
Altenpflege
Betreutes Wohnen
Soziale Beratung
Ökumenischer Kinderchor von 14–15.30 Uhr
Nummer gegen Kummer
0800 1110333
Kinder- und Jugendtelefon
Gemeindebrief
BIBEL
TAUFE
Lieder

# Miteinander feiern – Feste im Kirchenjahr

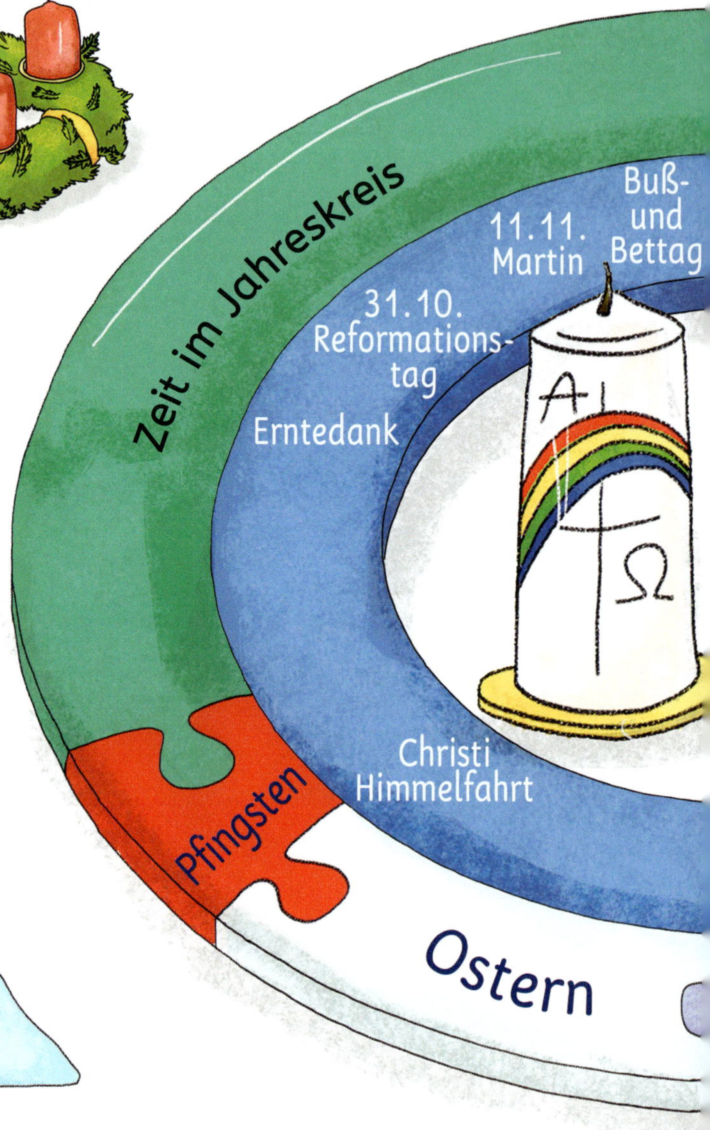


? Ordne die einzelnen Bilder den Festen im Kirchenjahreskreis zu. Überlege: Warum beginnt das Kirchenjahr mit dem 1. Advent?

Nenne weitere Heiligenfeste. Schreibe die Namen der Heiligen auf Papierstreifen und lege sie an die richtige Stelle im Jahreskreis. Informiere dich über das Leben von heiligen* Menschen im Internet oder in einem Heiligenlexikon.

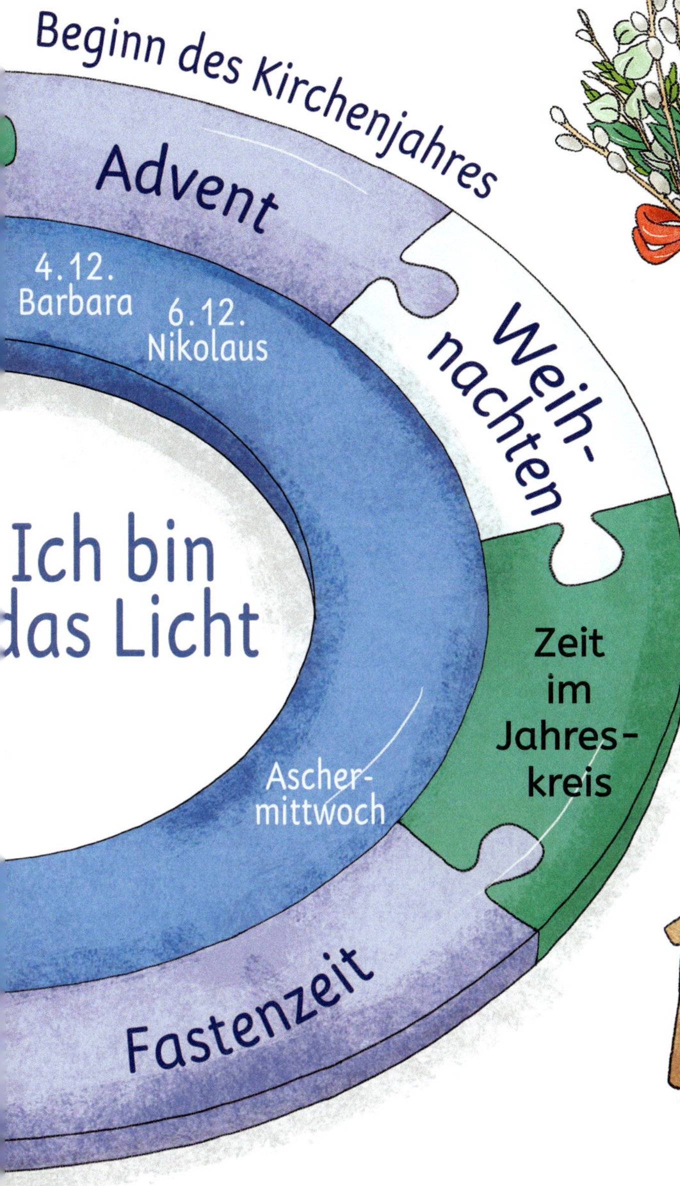

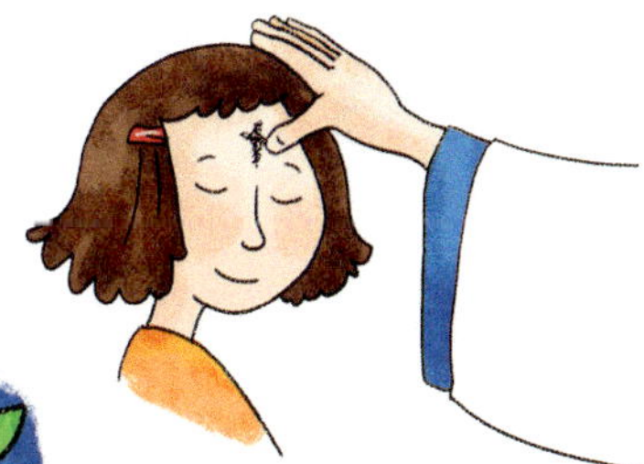

? Vergleicht das katholische und das evangelische Kirchenjahr. Welche Feste feiern nur die katholischen, welche nur die evangelischen Christen? Nennt Feste, die sie gemeinsam feiern.

Erstellt in Gruppenarbeit ein Kirchenjahr-Memospiel.

Überlegt mithilfe der ➤ Think-pair-share-Methode, was wir an Ostern, Pfingsten* und Weihnachten feiern.

? Betrachtet die Farben des Kirchenjahres auf dieser Seite. Informiert euch im Lexikon über die liturgischen Farben* und was sie bedeuten.

# Nachdenken – mitfühlen – handeln

- Gestaltet selbst einen Baum für katholische oder evangelische Christen. Was gehört in den Stamm, was gehört in die Kronen?
- Beschreibt das Bild auf Seite 119. Diskutiert: Warum passt es zum Kapitel?
- Räumt das Bild auf: Malt nur einfarbige Punkte in Reihen geordnet. Vergleicht euer Ergebnis mit dem Eingangsbild.
- Sucht mit der evangelischen Religionsgruppe Lieder oder Gebete, die ihr miteinander singen und beten könnt.
- Es gibt viele Anlässe im Kirchenjahr, zu denen ein Gottesdienst gefeiert werden kann. Wählt ein Fest aus und bereitet mit der evangelischen Religionsgruppe einen Gottesdienst vor.
- Entwirf ein Plakat: „Ich bin katholischer/evangelischer Christ". Was gehört für dich in die Mitte? Was darf auf keinen Fall fehlen?

## Ich bin gefragt

- **Das habe ich verstanden und neu gelernt.**
- **Das hat mir besonders gefallen.**
- **Dazu möchte ich noch mehr wissen oder etwas gestalten.**

# 10 Wir begegnen anderen Religionen

# Muslime glauben und beten

## Bei Aylin zu Hause

Johanna und Aylin sind Freundinnen. Heute besucht Johanna Aylin zu Hause. Als Johanna die Wohnung betritt, fällt ihr auf, dass Aylins Mutter ein Kopftuch trägt. Aylin erklärt: „Viele Frauen tragen bei uns auf der Straße und wenn Gäste da sind ein Kopftuch."

Aylins erwachsener Bruder Fatih will Johanna etwas zeigen. Er wäscht sich die Hände und holt aus dem Regal ein Buch, das sorgfältig in ein Tuch eingeschlagen ist. Er wickelt es aus und legt es auf einen schön verzierten Holzständer: „Das ist unser heiliges* Buch, der Koran. Er ist auf Arabisch aufgeschrieben worden. Jeder Muslim soll deshalb auch Texte aus dem Koran auf Arabisch auswendig lernen. Das ist gar nicht so einfach!"

Aylin fügt hinzu: „Wir glauben, dass im Koran Wort für Wort steht, was Gott Muhammad mitgeteilt hat."

„Wer ist denn Muhammad?", fragt Johanna.

Aylin antwortet: „Es ist für uns der wichtigste Prophet* Allahs."

Fatih erklärt weiter: „Allah nennen wir unseren Gott. Der Koran sagt uns, wie wir leben, beten und fasten sollen, damit es Allah gefällt. Auch Jesus kommt im Koran vor, wir nennen ihn Isa. Er ist für uns ein Prophet. Koran bedeutet Lesung, und die einzelnen Kapitel heißen Suren."

Johanna staunt: „Ihr wisst aber viel über eure Religion!"

Lest den Text mit verteilten Rollen. Schlagt unbekannte Wörter in einem Lexikon nach.

Beschreibe, wie Fatih mit dem Koran umgeht. Was drückt er damit aus?

## In der Moschee

Später fragt Fatih: „Möchtet ihr in die Moschee mitkommen?"
Johanna erinnert sich: „Gerne! Das ist doch euer Gebetshaus. Hat es nicht oft einen hohen Turm, von dem aus ein Mann zum Gebet ruft?"
„Ja, der Muezzin ruft von dem hohen Turm, dem Minarett, zu den Gebetszeiten. Denn es gehört zu den Pflichten von Muslimen, fünfmal am Tag zu beten", fügt Aylin hinzu.
In der Moschee angekommen, ziehen die drei ihre Schuhe aus, denn die Muslime betreten ihren Gebetsraum ohne Schuhe. Fatih wäscht sich Arme, Hände, Gesicht und die Füße. „Damit ich rein vor Gott trete", erklärt er.
Im Gebetsraum zeigt Fatih die Nische in der Mitte, die Mihrab heißt. Sie zeigt den Muslimen, in welcher Richtung Mekka* liegt. Fatih erzählt leise: „Dorthin sollen wir beim Beten schauen, deshalb sind auch die Gebetsteppiche so ausgerichtet. Der Imam – so heißt bei uns der Gemeindevorsteher – leitet das Freitagsgebet und die feierlichen Gottesdienste an den Festtagen oder er kommt zu besonderen Anlässen in die Familie."
Am Abend erzählt Johanna zu Hause von ihren vielen Eindrücken.

- Spielt, wie Johanna nach Hause kommt. Was erzählt sie? Welche Fragen stellen die Eltern?
- Stelle zusammen, worauf Muslime beim Beten achten. Gestalte einen Hefteintrag.
- Erklärt: Koran, Muhammad, Moschee, Mekka. Verwendet die Methode ➤ Gruppenpuzzle.
- Malt ein großes Fragezeichen und schreibt eure Fragen zum Islam dazu.

# Muslime fasten und feiern

Aylin ist heute in der Schule sehr müde. Johanna fragt sie nach dem Grund. Aylin erzählt: „Jedes Jahr fasten wir Muslime einen ganzen Monat lang. Dieser Fastenmonat heißt Ramadan. In dieser Zeit essen und trinken die Erwachsenen nur, wenn die Sonne untergegangen ist oder bevor sie aufgeht. Während des Tages wird gefastet. Am Abend wird nach Sonnenuntergang das Fasten mit einem ausgiebigen Abendessen beendet. Durch das Fasten sollen wir dankbar werden für das tägliche Essen, deshalb beten wir beim Fastenbrechen:

*O Allah, ich habe heute gefastet.*
*Ich esse jetzt von der Nahrung,*
*die du uns gibst.*

Wir Kinder müssen nicht fasten, aber wir können den ganzen Monat lang zum Beispiel auf Süßigkeiten verzichten. Beim Fasten sollen wir auch an die Armen denken. Deshalb spenden wir am Ende des Ramadan für sie.

Darüber hinaus versuchen wir, im Fastenmonat zu niemandem böse zu sein und uns mit allen zu versöhnen, mit denen wir Streit haben. Das fällt manchmal ganz schön schwer! Eines unserer größten Feste ist Id al-Fitr, das Fest des Fastenbrechens am Ende des Ramadan. Es wird auch Seker Bayram oder Zuckerfest genannt und dauert drei Tage. Am ersten Tag geht unsere ganze Familie in die Moschee zu einem feierlichen Gottesdienst. Anschließend wird zu Hause festlich gegessen. Meine Mutter ist schon Tage vorher damit beschäftigt, die köstlichsten Speisen zu kochen. Wir Kinder werden, ähnlich wie bei euch zu Weihnachten, besonders mit Süßigkeiten und Spielsachen beschenkt. An den anderen Tagen besuchen wir Freunde und Verwandte."

Lest den Text. Erklärt, was Ramadan und Seker Bayram bedeuten.

Vergleiche, wie Muslime und Christen jeweils die Fastenzeit gestalten.

# Fünf wichtige Pflichten für Muslime

Im Islam gibt es für gläubige Muslime fünf sogenannte Pflichten. Sie werden oft als fünf Finger einer Hand oder als fünf Säulen dargestellt. Deswegen werden sie auch die fünf Säulen des Islams genannt.

zu Allah beten

fasten im Monat Ramadan

Arme unterstützen

Wallfahrten nach Mekka* zur Kaaba

den Glauben bekennen

- Male eine Hand und gestalte sie mit den Pflichten der Muslime. Vergleicht eure Werke im ➤ Museumsgang.
- Informiere dich über weitere muslimische Feste.
- Auch die Christen kennen Wallfahrten* zu besonderen Orten. Forscht nach solchen Orten. Stellt euch eure Ergebnisse im ➤ Kugellager vor.

# Gemeinsamkeiten und Unterschiede entdecken

Johanna will von Aylin wissen, was im Koran über die Entstehung der Welt steht. Aylin zeigt ihr im Koran eine Sure, in der steht:

*„Allah ist es, der die Himmel und die Erde geschaffen hat und Wasser vom Himmel herabsendet, um damit Früchte zu eurer Nahrung hervorzubringen."* (Sure 14,33)

Umgekehrt fragt Aylin ihre Freundin: „Und was steht in der Bibel dazu?" Johanna liest aus ihrer Bibel vor:

*„Dann sprach Gott: Das Wasser unterhalb des Himmels sammle sich an einem Ort, damit das Trockene sichtbar werde. Das Trockene nannte er Land und das angesammelte Wasser nannte er Meer. Dann sprach Gott: Das Land lasse junges Grün wachsen, alle Arten von Pflanzen, die Früchte tragen ..."*

(Nach Genesis 1,9-11)

Aylin staunt: „Das ist ja sehr ähnlich!" Dann vergleichen die Freundinnen das jeweils wichtigste Gebet ihrer Religion. Johanna zeigt Aylin das Vaterunser. Aylin nennt „Die Eröffnende", die erste Sure, die bei jedem Gebet gesprochen wird:

*„Im Namen Gottes, des Gnädigen*
*und Barmherzigen.*
*Gelobt sei Gott, der Herr der Welten,*
*der Gnädige und Barmherzige und*
*König des Jüngsten Tages!*
*Dir dienen wir, und dich bitten wir*
*um Hilfe.*
*Führe uns den geraden Weg,*
*den Weg derjenigen, denen du*
*gnädig bist, und nicht den Weg*
*derjenigen,*
*über die du zornig bist.*
*Aber auch nicht den Weg*
*derjenigen, die sich geirrt*
*haben."* (Sure 1)

Neugierig suchen die beiden Freundinnen nach weiteren Gemeinsamkeiten und Unterschieden.

Lest die erste Sure aus dem Koran. Vergleicht die Bitten und Aussagen über und an Gott mit dem Vaterunser.

? Sucht weitere Gemeinsamkeiten und Unterschiede zwischen Christentum und Islam. Ladet dazu Experten ein.

Das Glaubensbekenntnis ist für Muslime sehr wichtig. Sie beten es fünfmal am Tag. Deshalb wird es, genauso wie der Name Gottes, oft in besonders schöner Schrift und Darstellung geschrieben.

*la 'ilaha 'illa llah*
*muhammadan rasulu llah*

*„Es gibt keinen Gott außer Gott, Muhammad ist der Gesandte Gottes."*

Diese kunstvollen Schmuckschriften nennt man Kalligrafie. Weil im Islam Gott nicht bildlich dargestellt werden darf, schmücken Muslime ihre Wohnungen, Gebetsräume und Moscheen mit Kalligrafien.

*Die Namenszüge Allahs (oben) und seines Propheten* (unten) sind im Inneren mit Koranversen beschriftet.*

Besprecht miteinander: Welchen Teil des Glaubensbekenntnisses der Muslime könnten auch Christen sprechen?

★ Schreibe einen für dich wichtigen Teil des christlichen Glaubensbekenntnisses in Schmuckschrift ab und verziere ihn.

# Ein faires Miteinander

Johanna sagt zu ihrer Freundin Aylin: „Ich habe jetzt schon viel von deiner Religion kennengelernt. Aber eine Frage habe ich noch: In den Nachrichten höre ich immer wieder von Anschlägen, die im Namen Allahs verübt werden."

Aylin antwortet traurig: „Ja, es gibt Menschen, die denken, dass sie im Namen Gottes solche schlimmen Dinge tun sollen. Aber das stimmt nicht. Das hat mit unserer Religion nichts zu tun. Im Gegenteil, wenn wir uns begegnen, grüßen wir uns mit *Assalamu alaikum,* das heißt: *Der Friede Allahs sei mit dir.*

*Assalamu alaikum* (Der Friede Allahs sei mit dir)

Unser Gemeindevorsteher, der Imam, betont immer wieder, dass der Islam eine Religion des Friedens ist. In der Sure 10 heißt es:

> *Und Allah lädt ein zum Haus des Friedens und leitet, wen ER will, zum geraden Weg.*
>
> Sure 10,25

Johanna denkt nach, ob der Friede in ihrer Religion auch eine wichtige Rolle spielt. Ihr fällt ein, dass sich in jeder Eucharistiefeier* die Menschen die Hand reichen und dem anderen wünschen: „Der Friede sei mit dir."

Sie erinnert sich, dass Jesus die Menschen aufgefordert hat, sie sollen Gewalt nicht mit Gewalt erwidern.

In der Bergpredigt hat er gesagt: „Selig, die Frieden stiften."

**?** Menschen haben unterschiedliche Ansichten und Glaubensüberzeugungen, die zu Konflikten führen können. Überlegt, wie sich Muslime* und Christen trotzdem für Frieden einsetzen können. Sammelt Vorschläge.

In allen Religionen der Welt denken Menschen darüber nach, wie es möglich sein kann, Grenzen zu überwinden und friedlich zusammenzuleben. Hierbei haben sie etwas Besonderes gemeinsam: die Goldene Regel, die unterschiedliche Religionen und Kulturen miteinander verbinden kann. Bei den Christen ist diese als Ausspruch von Jesus überliefert (siehe Seite 23). Aber auch in Heiligen* Schriften anderer Religionen wird sie als wichtige Regel für ein gutes Zusammenleben genannt. Sie zeigt den Menschen, wie es gelingen kann, zu Hause und in der Welt mehr Frieden und Gerechtigkeit zu schaffen.

**Die Goldene Regel im CHRISTENTUM**

Alles, was ihr von anderen erwartet, das tut auch ihnen.

**Die Goldene Regel im ISLAM**

Keiner von euch ist ein Gläubiger, solange er nicht seinem Bruder wünscht, was er sich selber wünscht.

**Die Goldene Regel im JUDENTUM**

Tue nicht anderen, was du nicht willst, dass sie dir tun.

Vergleiche die drei Goldenen Regeln auf dieser Seite. Was haben sie gemeinsam? Wie unterscheiden sie sich?

Jonas sagt: „Ich habe die Goldene Regel so verstanden: Ich behandle die anderen so, wie sie mich behandeln.“ Setzt euch damit auseinander.

Überlege dir ein Symbol* für Frieden. Gestalte damit einen Button.

Erkundige dich über die Goldene Regel in weiteren Religionen und Kulturen.

Gestaltet zusammen mit allen Kindern aus eurer Klasse eine Friedensfeier. Ihr könnt dabei ein Friedenslied singen und einander den Frieden wünschen. Überlegt dazu, welches Zeichen des Friedens ihr einander geben könnt.

# Judentum, Christentum und Islam

An der Grundschule von Aylin, Johanna und Ben ist ein „Tag der Begegnung der Religionen“ geplant. Die Kinder haben die Aufgabe, für die Ausstellung Stellwände vorzubereiten, auf denen ihre jeweilige Religion vorgestellt wird.

- Schau dir die Doppelseite an. Erzähle: Was kennst du? Was interessiert dich besonders?
- Ordnet die Bilder und Wortkarten den drei Religionen zu.
- Erstelle im Heft eine Tabelle zu den drei Religionen. Finde jeweils: Heilige* Schrift, Glaubensbekenntnis, Ruhetag, Gebäude, Gläubige, Feste, Symbol, religiöse Gegenstände.
- Sucht weitere Bilder und Texte zu den drei Religionen. Nutzt dafür Lexika, das Internet und euer Religionsbuch. Gestaltet damit auch eine Ausstellung.

Höre, Israel! Der HERR, unser Gott, der HERR ist einzig.
Heilige Schrift
Kirche
Bayram
Synagoge
Es gibt keinen Gott außer Gott. Muhammad ist der Gesandte Gottes.
Ich glaube an Gott, den Vater, den Allmächtigen ...
Sabbat
Sonntag
Moschee
Ostern
regenstände
Gebäude

# Nachdenken – mitfühlen – handeln

Die Klasse von Ben, Aylin und Johanna hat eine kleine Pause. Ihr Klassenkamerad Murat isst gerade sein Pausenbrot. Jonas rempelt ihn an, dabei fällt das Brot auf den Boden. Murat ist verärgert. Jonas bietet ihm sein eigenes Wurstbrot an. Doch Murat schimpft: „Da ist doch bestimmt Schweinefleisch drauf. Als Muslim darf ich das doch gar nicht essen." Jonas runzelt die Stirn: „Ihr habt eine seltsame Religion. Da bin ich schon lieber ein Christ; bei uns gibt es keine so komischen Vorschriften." „Aber der Islam ist die richtige Religion!", behauptet nun Murat. Plötzlich mischen sich andere Kinder ein. Sie fangen an, miteinander zu streiten. Auch die anderen halten ihre jeweilige Religion für die Richtige. Als die Lehrerin nach der Pause ins Klassenzimmer kommt, ist der Streit noch nicht vorbei. Jonas will nicht mehr neben Aylin sitzen und Murat nicht mehr neben Ben. Murat fordert, dass die muslimischen Kinder in einer eigenen Reihe sitzen sollen. Die Klassenlehrerin ist entsetzt: „Das ist so, als würdet ihr eine Mauer zwischen euch errichten." Sie geht an die Tafel und malt darauf eine Mauer: „Jetzt wollen wir mal überlegen, was zu eurem Streit geführt hat. Wir schreiben die Wörter in die Steine der Mauer."

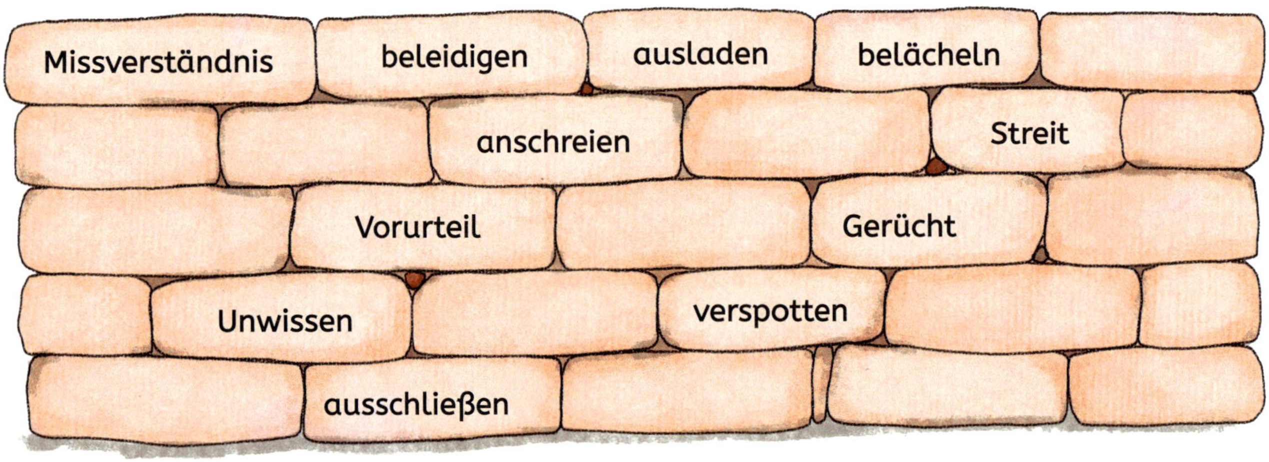


Überlegt, wie ein Streit zwischen Menschen, die verschiedenen Religionen angehören, entstehen kann. Ergänzt die Mauer.

Was können die Kinder tun, damit sie friedlich zusammenleben? Sammelt Ideen und Wörter. Schreibt sie auf Kärtchen. Gestaltet damit eine Brücke.

## Gott hilft Grenzen überwinden

T/M: Siegfried Macht, Rechte beim Urheber

Überlegt euch Bewegungen zu dem Lied, übt sie gemeinsam und singt dann das Lied.

Schaut euch das Bild auf Seite 135 an. Was könnt ihr erkennen? Gebt dem Bild einen Titel.

★ Gestaltet mit dem Bild von Seite 135 ein Fensterbild aus Transparentpapier. Ihr könnt auch eigene Symbole* entwerfen.

Plant zusammen mit Kindern aus anderen Religionen eine Feier, bei der ihr Gott dankt. Jede Gruppe trägt ein Gebet oder Lied aus der eigenen Religion vor.

### Ich bin gefragt

- **Das habe ich verstanden und neu gelernt.**
- **Das hat mir besonders gefallen.**
- **Dazu möchte ich noch mehr wissen oder etwas gestalten.**

## In der Klasse

*Gott,*
*segne unsere Klasse und hilf uns, dass*
*wir eine gute Gemeinschaft werden,*
*dass wir nicht gegeneinander arbeiten,*
*sondern uns helfen, wo wir können.*
*Gib uns Lehrer, die Spaß vertragen*
*und die uns alles gut erklären können.*

## Mit meinem Körper

*Der Herr segne uns,*
*er erfülle unsere Füße mit Tanz,*
*unsere Arme mit Kraft,*
*unsere Hände mit Zärtlichkeit,*
*unsere Augen mit Lachen,*
*unsere Ohren mit Musik,*
*unsere Nase mit Wohlgeruch,*
*unseren Mund mit Jubel,*
*unser Herz mit Freude,*
*so segne uns der Herr.*

## Das Kreuzzeichen

*Im Namen des Vaters und des Sohnes*
*und des Heiligen Geistes.*
*Amen.*

## Unterwegs zu dir

*Aus den Dörfern und Städten*
*sind wir unterwegs zu dir.*
*Aus Tälern und Bergen*
*sind wir unterwegs zu dir.*
*Wenn wir das Brot teilen,*
*sind wir unterwegs zu dir.*
*Wenn wir die Schwachen stützen,*
*sind wir unterwegs zu dir.*
*Wenn wir Gottesdienst feiern,*
*sind wir unterwegs zu dir.*

Gebet von Christen aus Lateinamerika

## Das Vaterunser

*Vater unser im Himmel,*
*Geheiligt werde dein Name.*
*Dein Reich komme.*
*Dein Wille geschehe,*
*wie im Himmel so auf Erden.*
*Unser tägliches Brot gib uns heute.*
*Und vergib uns unsere Schuld, wie*
*auch wir vergeben unseren Schuldigern.*
*Und führe uns nicht in Versuchung,*
*sondern erlöse uns von dem Bösen.*
*Denn dein ist das Reich und die Kraft*
*und die Herrlichkeit in Ewigkeit.*
*Amen.*

Guter Vater, …

Jesus, …

Lieber Gott, …

…

… ich danke dir …

… ich lobe dich …

… ich möchte dir anvertrauen …

… bitte …

… warum …

… lass …

… heute fühle ich mich …

… weil …

… mir geht es heute …

… ich möchte dir erzählen …

… vergib …

… …

So sei es

Danke

Amen

- Suche in deinem Religionsbuch weitere Gebete und Psalmen*.
- Tauscht euch aus: Welche Anlässe zum Beten kennt ihr (z.B. am Morgen, vor dem Essen, am Abend …)?
- Legt eine Schatztruhe an, in der ihr verschiedene Gebete sammelt. Denkt auch an Lieder, Bilder und Gebete aus anderen Ländern und Religionen.
- ★ Du kannst ein eigenes Gebet zu dem schreiben, was dich beschäftigt. Die Kärtchen helfen dir dabei.
- Menschen nehmen beim Beten verschiedene Haltungen ein. Probiere einige aus und finde für dich passende.
- Wählt ein Gebet aus. Überlegt euch, wie ihr es beten könnt: mit Bewegungen, mit Musik, in Stille …

# Methoden-Seiten

## Bilder betrachten

Wenn du ein Bild betrachtest, solltest du schrittweise vorgehen. Die Fragen helfen dir dabei.

1. Was sehe ich alles?
2. Was nehme ich bei genauerem Hinsehen wahr? Personen, Landschaft, Farben ... Wie ist das Bild aufgebaut?
3. Was will der Künstler mit dem Bild aussagen? Welche Überschrift oder welchen Titel hat das Bild? Welche Überschrift oder welchen Titel würde ich dem Bild geben?
4. Wie wirkt das Bild auf mich?
5. Welche Geschichte, welches Lied, welches andere Bild fällt mir zu diesem Bild ein? Könnte ich das Bild weitermalen, ergänzen oder übermalen?

## Gruppenpuzzle

Zunächst wird ein Thema in vier Teilbereiche gegliedert.

1. Stammgruppe: Jeder bearbeitet zunächst in Einzelarbeit in seiner Stammgruppe einen Teil der Aufgabe.

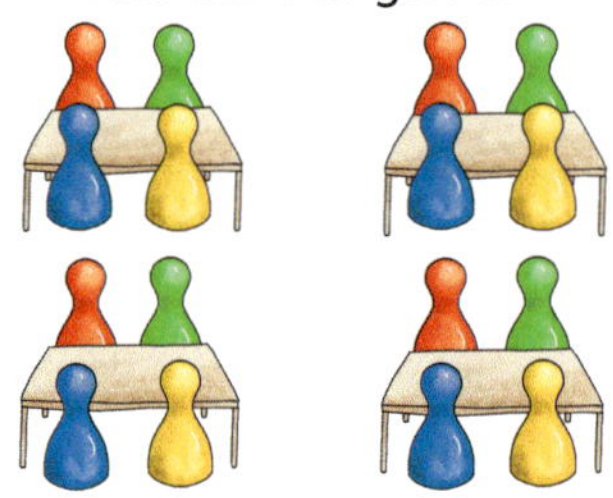

2. Expertengruppen: Anschließend treffen sich alle Kinder mit derselben Teilaufgabe in einer Expertengruppe. Die Experten tauschen sich untereinander aus.

3. Stammgruppe: Jeder Experte stellt in seiner Stammgruppe die Ergebnisse aus der Expertenrunde vor.

4. Zum Abschluss gestaltet ihr gemeinsam ein Plakat mit euren Ergebnissen.

## Ein Interview führen

In einem Interview befragt ihr andere Menschen.

1. Sammelt Fragen, die ihr einer Person stellen wollt.
2. Legt fest, wer von euch die Fragen stellt.
3. Fragt, ob ihr ein Aufnahmegerät verwenden dürft.
4. Legt Zeit und Ort fest.
5. Führt das Interview durch.
6. Sprecht darüber, was ihr Neues erfahren habt.

## Kugellager

Formuliert zuerst die gemeinsame Frage oder Aufgabe. Bildet dann zwei gleich große Gruppen. Stellt euch in einem Innen- und einem Außenkreis einander gegenüber. Jemand gibt ein Signal. Dann besprichst du mit dem Kind gegenüber die Aufgabe oder Frage. Bei jedem weiteren Signal gehst du einen Schritt nach rechts zum nächsten Kind. Jetzt besprichst du dich mit diesem Kind.

Schreibe nach den Gesprächen auf:

- Diese Meinung war für mich neu: ...
- Diese Meinung finde ich besonders interessant: ...

## Mindmap

Notiere in der Mitte eines Blattes das Thema oder eine Frage. Schreibe neue Gedanken zum Thema und verbinde Gedanken, die zusammengehören, durch Linien mit der Mitte oder untereinander auf deinem Blatt.

Bei dieser Methode kannst du allein, mit einem Partner oder in einer Gruppe arbeiten.

Ein Beispiel für eine Mindmap, hier zum Thema Sonntag:

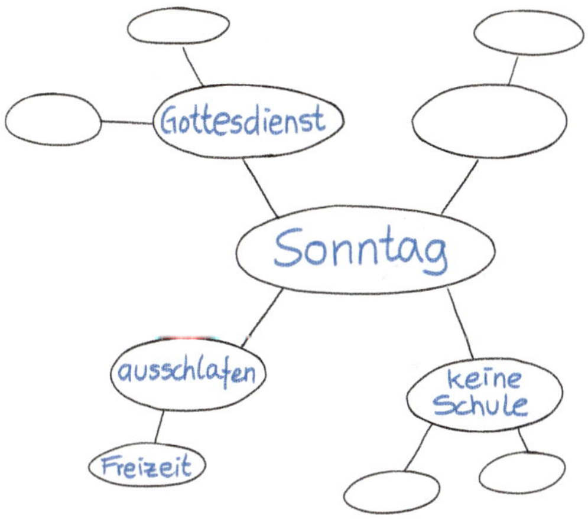


## Museumsgang

Du arbeitest zunächst für dich allein. Du malst zum Beispiel ein Bild. Lege dann das, was du gestaltet hast, vor dich auf deinen Platz oder auf den Boden im Kreis.

Alle Kinder deiner Lerngruppe gehen im „Museum“ ruhig umher und betrachten die einzelnen Arbeiten.

Anschließend hast du die Gelegenheit, dich zu einzelnen „Ausstellungsstücken“ im „Museum“ zu äußern.

## Placemat

Diese Methode wird auch „Platzdeckchen" genannt. Verwendet dazu ein DIN-A3-Blatt und zeichnet um ein großes Rechteck in der Mitte vier Felder. Setzt euch zu viert um das Blatt herum. Schreibt in die Mitte das Thema, die Frage, den Arbeitsauftrag.

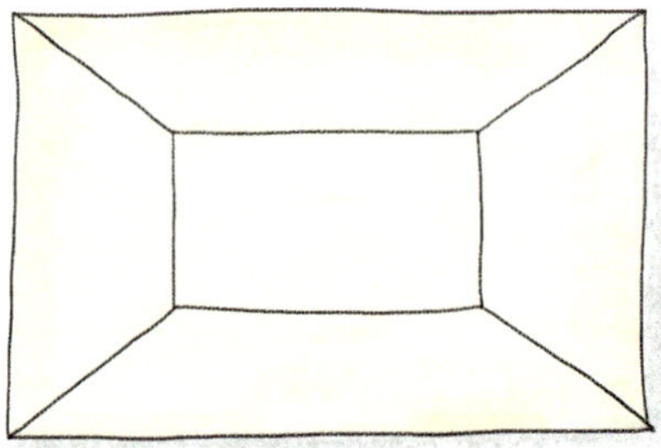

So geht es:

1. Jeder denkt für sich nach und notiert seine Ergebnisse in das Feld vor sich.
2. Stellt euch dann eure Ergebnisse im Gespräch gegenseitig vor.
3. Sucht nach einer gemeinsamen Antwort, haltet das Ergebnis in der Mitte des Blattes fest und stellt euer Ergebnis in der Klasse vor.

## Rollenspiel

Mit einem Rollenspiel könnt ihr eine Erzählung oder eine biblische Geschichte mit verschiedenen Rollen spielen.

1. Verteilt die Rollen in der Gruppe. Denkt daran, dass es auch Beobachter geben muss.

2. Versetzt euch in die Person, die ihr spielt, hinein.
3. Wie drückt ihr die Gedanken und Gefühle dieser Person aus? Was sagt ihr mit Worten, was mit dem Gesicht, mit den Händen, mit dem Körper?
4. Spielt die Geschichte den anderen vor.
5. Die Beobachter berichten den Spielern: Was ist ihnen aufgefallen? Was hat sie besonders beeindruckt? Welche Stellen könnte man auch anders spielen?

## Ein Rondell-Gedicht schreiben

Das Gedicht besteht nur aus acht Zeilen. Das Wichtige an dieser Gedichtform sind die Wiederholungen.

1 *Gott ist bei dir und bei mir.*
2 *Er hat uns gern, egal, was passiert.*
3 *Er radiert uns niemals aus seiner Gernhabeliste.*
4 *Gott ist bei dir und bei mir.*
5 *Er gibt uns Hoffnung.*
6 *Wir können immer zu ihm gehen.*
7 *Gott ist bei dir und bei mir.*
8 *Er hat uns gern, egal, was passiert.*

Die 1., 4. und 7. Zeile sind gleich.
Die 2. und 8. Zeile sind gleich.
Die 3., 5. und 6. Zeile sind jeweils unterschiedlich.

## Ein Schreibgespräch führen

Bei einem Schreibgespräch tauscht ihr euch schriftlich aus. Ihr könnt das zum Beispiel so machen:

1. Bildet Kleingruppen. Jedes Kind bekommt ein Blatt Papier, auf dem ein Thema oder eine Frage formuliert ist.
2. Schreibe nun deinen Gedanken oder deine Meinung auf das Blatt.
3. Reicht die Blätter reihum weiter. Jedes Kind betrachtet die Sätze der anderen und schreibt eigene Gedanken und Meinungen dazu. Ihr könnt auch Kommentare anfügen, indem ihr zum Beispiel einen Gedanken unterstreicht oder Meinungen mit Pfeilen verbindet.

Nach einer vereinbarten Zeit beendet ihr das Schreibgespräch. Sprecht miteinander über eure Ergebnisse und vergleicht sie mit denen der anderen Gruppen.

## Think-pair-share-Methode

Think (denken): Zunächst denkst du allein über ein Thema oder ein Problem nach.

Pair (sich zusammentun): In Partnerarbeit tauscht ihr dann eure Gedanken, eure Ergebnisse aus.

Share (teilen): Jedes Paar stellt seine Arbeitsergebnisse in der Klasse vor.

# Lexikon

## Altes Testament

Das Alte Testament (AT) ist der erste Teil der Bibel. Es besteht aus zahlreichen Einzelschriften (auch „Bücher“ genannt), die in vielen Jahrhunderten geschrieben wurden. Das Alte Testament beginnt mit den Schöpfungserzählungen. Vor allem enthält es die Geschichte des Volkes Israel mit seinem Gott. Weitere wichtige Schriften sind die Bücher der Propheten* und die Psalmen*.
Das Alte Testament ist größtenteils in hebräischer Sprache geschrieben. Die ersten beiden Bücher der Bibel heißen Genesis* und Exodus*. Das fünfte Buch heißt Deuteronomium*. Die meisten Bücher des Alten Testaments sind auch für die Juden Heilige* Schrift.

## Apostel

Das Wort Apostel bedeutet „Abgesandter“. Die Apostel gehörten zum engeren Kreis um Jesus. Er sandte sie aus, um seine Botschaft vom Reich Gottes den Menschen zu verkünden. Nach der Auferstehung Jesu kamen weitere Apostel dazu. In einem Buch des Neuen Testaments*, der Apostelgeschichte, werden ihre Erlebnisse nach der Auferstehung erzählt. Bekannte Apostel sind Petrus und Paulus.

*Die Apostel Petrus (mit Schlüssel) und Paulus (mit Schwert).*

## Deuteronomium

Das Buch Deuteronomium ist das fünfte Buch der Bibel. In ihm wird erzählt, wie Mose gegen Ende seines Lebens nochmals die Gebote Gottes zusammenfasst, die das Volk Israel befolgen soll. Diese Weisungen sind bereits im Buch Exodus* aufgeschrieben. Daher hat das fünfte Buch den Namen „Deuteronomium“, das heißt wörtlich „zweites Gesetz“.

## Diözese

Eine Diözese (oder ein Bistum) ist ein größeres Gebiet mit vielen Kirchengemeinden. Die Diözese wird von einem Bischof geleitet. Sie wird nach der Bischofsstadt benannt (zum Beispiel Diözese Rottenburg-Stuttgart, Erzdiözese Freiburg).

## Erstgeburtsrecht

Das Erstgeburtsrecht war zu biblischer Zeit das Recht des ältesten Sohnes auf den väterlichen Segen. Mit dem Segen wurden Glück, Wohlstand, Gottes Beistand und ein gutes Leben verheißen. Ihn konnte der Vater nur einmal erteilen. Der Erstgeborene erhielt nach dem Tod des Vaters den größten Anteil des Familienbesitzes. Er wurde das neue Familienoberhaupt und hatte damit auch die Pflicht, besonders für die schwächeren Familienmitglieder zu sorgen.

## Eucharistie

Das Wort Eucharistie kommt aus dem Griechischen und bedeutet „Dank sagen“. Christen danken Gott für alles, was er für sie getan hat und täglich neu tut. Wenn sie im Gottesdienst Eucharistie feiern, denken sie besonders an Jesu Leben, Tod und Auferstehung. Das geschieht, wenn der Priester am Altar die Worte sagt, die Jesus beim letzten Abendmahl zu seinen Jüngern gesprochen hat. Katholische und auch viele evangelische Christen glauben, dass sich dann Brot und Wein in die Liebe und Gemeinschaft mit Jesus Christus verwandeln und er selbst gegenwärtig ist.

## Evangelium

Das Wort Evangelium kommt aus dem Griechischen und bedeutet „gute Nachricht“ oder auch „frohe Botschaft“. Mit Jesus hat für die Menschen eine neue Zeit des Heils angefangen. Die Christen verkünden dies als eine frohe Botschaft für alle. Auch die ersten vier Schriften des Neuen Testaments* werden „Evangelium“ genannt: das Evangelium nach Matthäus, nach Markus, nach Lukas, nach Johannes. Diese vier Männer heißen auch Evangelisten.

## Exodus

Das Buch Exodus ist das zweite Buch der Bibel. Im Mittelpunkt des Buches stehen die Erzählungen von der Unterdrückung und Befreiung der Israeliten. Gott offenbart Mose seinen Namen.
Er führt die Israeliten aus Ägypten in die Freiheit.
Auch die Erzählungen von der Übergabe der zehn Weisungen an Mose auf dem Berg Sinai finden sich in dem Buch.

## Genesis

Das Buch Genesis ist das erste Buch der Bibel. In ihm stehen Erzählungen über den Anfang der Welt und des Menschen (Schöpfung), über Noach und die Sintflut, über Abraham und Jakob sowie die Geschichte von Josef.

## Gesetzeslehrer

Die Gesetzeslehrer waren Experten der Tora* in Israel. Sie hatten die Tora studiert und kannten sich deswegen sehr gut mit den Geschichten, Gesetzen und Geboten aus. In der Bibel werden die Gesetzeslehrer auch als Schriftgelehrte bezeichnet.
Die Pharisäer waren Gesetzeslehrer, die ihr Leben besonders streng an den Gesetzen der Tora ausrichteten.

## Heilig

Heilig wird alles genannt, was mit Gott in enger Verbindung steht: Gegenstände (etwa der Altar), Zeiten und Feste (etwa Ostern), Orte (etwa Jerusalem) und Menschen (etwa die Heilige Elisabeth von Thüringen). Alles, was heilig ist, wird von glaubenden Menschen besonders verehrt. Im Alten Testament* ist heilig ein Wort, das vor allem die Bedeutung von „einzigartig“ hat. Gott selbst wird als heilig bezeichnet.

## JAHWE

Das ist der wichtigste der biblischen Gottesnamen.
Er heißt übersetzt: „Ich bin, der ich bin“ oder auch „Ich bin der Ich-bin-da“. Der Name ist eine Zusage für die Menschen,

*Der Davidstern mit dem hebräischen Schriftzug „JHWH“ für den Gottesnamen an einer Synagoge.*

dass Gott bei ihnen ist. Aus Ehrfurcht vor Gott sprechen fromme Juden den Namen nicht aus, sondern sagen stattdessen „Herr“ *(Adonai)* oder „der Ewige“. Auch Christen sollten den Namen aus Respekt besser nicht aussprechen. Deshalb wird der Name auch oft in Großbuchstaben geschrieben.

## Liturgische Farben

Die Kirche macht auch durch Farben die Besonderheit des Kirchenjahres deutlich.
Für Weihnachten und Ostern gebraucht sie im Gottesdienst die Farbe Weiß als Zeichen der Freude; Rot als Zeichen für Feuer und Begeisterung wird für Pfingsten* verwendet.
In der Fastenzeit und in der Adventszeit steht das Violett für Umkehr und Besinnung der Christen; Grün als Zeichen der Hoffnung und des Lebens wird für die übrige Zeit im Kirchenjahr verwendet.

## Mazzen (auch: Matzen)

Mazzen oder „ungesäuerte Brote“ sind dünne Brotfladen, gebacken nur aus Wasser und Mehl. Mazzen essen die Juden an Pascha* zur Erinnerung an den eiligen Auszug aus Ägypten. Mazzen wird auch das „Brot des Elends“ genannt.

*Mazzen sind dünne Brotfladen aus Mehl und Wasser.*

## Mekka

Mekka ist die Geburtsstadt des Propheten* Muhammad. Sie liegt im heutigen Saudi-Arabien. Mekka ist die heilige* Stadt der Muslime und ihr wichtigster Wallfahrtsort*.
Ziel der Wallfahrt ist dort die Kaaba, ein würfelförmiges Gebäude, das die Pilger mehrfach umrunden. Beim Gebet wenden sich die Muslime in Richtung Mekka.

## Mesusa

Die Mesusa ist eine kleine Kapsel, die am rechten Türpfosten eines jüdischen Hauses angebracht wird. In der Kapsel sind kleine Schriftrollen mit Bibeltexten untergebracht, zum Beispiel mit Deuteronomium 6,4–9 (siehe Seite 77).
Beim Betreten des Hauses berühren fromme Juden die Mesusa und wünschen damit den Bewohnern Frieden.

## Mönch

Frauen und Männer, die ihr ganzes Leben in den Dienst Gottes und der Menschen stellen, nennen wir Nonnen bzw. Mönche. Sie geloben arm und ehelos zu leben und ihrem Vorsteher/ihrer Vorsteherin gehorsam zu sein. Sie leben meist in Klöstern. Wichtig ist ihnen die Beschäftigung mit den Schriften der Bibel, das tägliche (oft gemeinsame) Beten und die Feier der Eucharistie*. Einige sorgen für Arme und Kranke, andere arbeiten in Schulen und Heimen. Sie verkünden den Menschen die Frohe Botschaft von Jesus Christus. Einige sehen ihre Aufgabe vor allem darin, für die Nöte und Sorgen der Menschen zu beten.

## Neues Testament

Das Neue Testament (NT) ist der zweite große Teil der Bibel. Es ist in griechischer Sprache geschrieben. Das Neue Testament enthält die Worte und Taten Jesu, sein Leiden und die Verkündigung der Auferstehung, wie sie die vier

Evangelisten niedergeschrieben haben. In der Apostelgeschichte erfahren wir etwas über die Ausbreitung des Evangeliums* und das Leben der ersten Christinnen und Christen. Das Neue Testament enthält außerdem Briefe des Apostels Paulus und anderer Apostel* und als letzte Schrift die Offenbarung des Johannes.

### Ökumene

Das Wort „Ökumene" kommt aus dem Griechischen und bedeutet „die bewohnte Erde". Es bezeichnet die Gesamtheit der christlichen Kirchen auf der ganzen Welt. Das Wort wird heute für die Bemühung verwendet, die Trennung der verschiedenen christlichen Kirchen zu überwinden. Christen der verschiedenen Konfessionen feiern gemeinsam Gottesdienst, helfen Menschen und treten ein für die Bewahrung der Schöpfung und für den Frieden. Sie entdecken, dass die Gemeinsamkeiten stärker sind als die Unterschiede.

### Pascha (sprich: Pas-cha; auch Pessach)

Das Pascha-Fest wird bei den Juden jedes Jahr im Frühjahr mit der ganzen Familie gefeiert. Sie erinnert sich dabei an den Auszug aus Ägypten: Gott hatte den Israeliten aufgetragen, dieses Gedenkfest zu feiern, bevor sie mit seiner Hilfe Ägypten endlich verlassen konnten (siehe Exodus 12,1–14). Zum Pascha-Fest gehört es, sieben Tage lang nur ungesäuertes Brot zu essen. Man nennt es daher auch Fest der Mazzen* (Fest der ungesäuerten Brote).

### Pfingsten

Das Wort Pfingsten ist vom griechischen Wort *pentecoste* (= fünfzig) abgeleitet. Pfingsten wird am fünfzigsten Tag nach Ostern gefeiert. Es erinnert an das Kommen des Heiligen Geistes. Die Christen feiern damit die Geburtsstunde der Kirche.

### Prophet

Propheten sind von Gott berufen, seinen Willen dem Volk und den Mächtigen zu verkünden. Im Alten Testament* sprechen die Propheten vor allem ungerechtes Verhalten gegenüber den Armen und Schwachen an. Sie rufen dazu auf, Gott die Treue zu halten und nicht fremden Göttern nachzulaufen. Auch sprechen sie den Menschen Mut zu und erinnern sie an Gottes Treue und Liebe.
Im Islam werden neben Muhammad, dem Gründer der Religion, auch große Persönlichkeiten aus dem Alten Testament wie Mose oder Abraham als Propheten angesehen, ebenso Jesus von Nazaret.

### Psalm

Psalmen sind Gebete und Lieder, die vor allem im Buch der Psalmen im Alten Testament* gesammelt sind. Im Vertrauen auf Gott bringen die Menschen in diesen Gebeten und Liedern alles, was sie bewegt, vor ihn. Sie seufzen, klagen, haben Angst, sie freuen sich, jubeln, loben Gott, danken ihm und hoffen auf seine Hilfe.

### Sabbat

Der Sabbat ist der Ruhetag der Juden. Er beginnt am Freitagabend mit Einbruch der Dunkelheit. Die Hausfrau begrüßt den Sabbat mit dem Entzünden der beiden Sabbatkerzen und spricht über sie den Segen. Am Sabbat ist jede Arbeit verboten. Die Familie ruht sich aus, freut sich über die freie Zeit, sie liest in der Bibel und besucht den Gottesdienst in der Synagoge. Am Sabbat erinnern sich die Juden an die Wohltaten Gottes, die er in seine

Schöpfung gelegt hat. Der Sabbat endet am Samstag mit dem Einbruch der Dunkelheit.

## Schriftgelehrter, siehe Gesetzeslehrer

## Seder-Teller

Der Seder-Teller ist ein wichtiger Bestandteil bei der Feier des Seder-Abends. Dieser Abend heißt so, weil er nach einer bestimmten festgelegten Ordnung abläuft (hebräisch heißt Seder „feste Ordnung“). Mit diesem Abend beginnt das Pascha-Fest*.
Auf dem Seder-Teller liegen verschiedene Speisen, die besondere Bedeutung haben. Das braune Mus aus Weizen, Äpfeln und Nüssen zum Beispiel steht für den Lehm, aus dem die Israeliten in Ägypten die Ziegel für den Pharao herstellen mussten. Die Bitterkräuter sollen an die bitteren Leiden der Israeliten in Ägypten erinnern.

## Symbol

Ein Symbol entsteht, wenn Menschen das, was sie sehen, mit einer tieferen Bedeutung verbinden. Ein Herz steht zum Beispiel für „Ich liebe dich“. So können auch Gegenstände etwas von der Unbegreiflichkeit Gottes zeigen.

*Jerusalem ist ein wichtiges Pilgerziel für Juden, Christen und Muslime.*

## Tefillin

Teffilin sind Gebetsriemen mit zwei schwarzen Kapseln, in denen Bibeltexte aufbewahrt sind. Die Kapseln trägt ein Jude an der Stirn und an der Innenseite des linken Oberarms, gegenüber dem Herzen, wenn er betet.

## Tora (auch: Thora)

Tora heißt so viel wie „Unterweisung“ oder „Lehre“, die Gott seinem Volk Israel bekannt gemacht hat. Vor allem in den ersten fünf Büchern des Alten Testaments* finden die Juden die Gesetze Gottes niedergeschrieben. Deshalb werden diese fünf Bücher auch einfach Tora genannt.

## Wallfahrt

Gläubige aus allen Religionen reisen an heilige* Orte. Das nennt man auch pilgern. An den Pilgerstätten verehren Gläubige ihren Gott oder ihre Götter, ihre Propheten* oder Heiligen. Muslimen ist die Pilgerfahrt nach Mekka* besonders wichtig, den Juden die nach Jerusalem. Christen pilgern zum Beispiel nach Rom, Lourdes oder Santiago de Compostela. Dabei haben sie unterschiedliche Beweggründe. Manche möchten durch die Wallfahrt neue Erkenntnisse im Glauben erhalten und Gott näher kommen. Andere möchten geheilt werden oder Gott für bestimmte Ereignisse im Leben danken.

# Quellenverzeichnis



**Bilder**

3 v.l.n.r.: Adolf A. Osterider (*1924), Die Schöpfung, 1986, Tafelbild, 450 × 250 cm, röm.-kath. Pfarre Groß St. Florian, Steiermark, Österreich © VG Bild-Kunst, Bonn 2018, Foto: Werner Sabutsch; Adobe Stock/S. Kobold; Margaretha Pawlischek, München
6 Margaretha Pawlischek, München
7 v.l.n.r.: All mauritius images/Don Smith; imago/Geisser
10 v.l.o.i.UZS: Fotofinder international/Tom Merton/caiaimages; Your Photo Today/www.allover.cc/MEV; picture-alliance/Arco Images; All mauritius images/True Images; All mauritius images/Kuttig – People – 2
11 v.l.o.i.UZS: Shutterstock; Shutterstock/2xSamara.com; Your Photo Today/Gerolf Nießner; imago/Westend61; Shutterstock/SpeedKingz
13 Michael Patrick Kelly (geb. 1977), Too much to handle, 2000, 29,7 × 42 cm, Giclée-Druck, Foto: © Bilder Fuchs
14 v.r.o.i.UZS: action press/imagebroker.com; Shutterstock/MilanMarkovic78; ddp images/Monkey Business Images; Your Photo Today/BSIP/LEMOINE/BSIP/Superbild
15 v.l.o.i.UZS: action press/imagebroker.com; Adobe Stock/Firma V; Shutterstock/Alena Ozerova
25 Adolf A. Osterider (*1924), Die Schöpfung, 1986, Tafelbild, 450 × 250 cm, röm.-kath. Pfarre Groß St. Florian, Steiermark, Österreich © VG Bild-Kunst, Bonn 2018, Foto: Werner Sabutsch
26 Imago Stock & People GmbH/Leemage
28 Grafik: Cornelsen/Silke Reimers/Fotos: alle Adobe Stock (alte Frau lächelt: Digitalpress; Junge mit Mütze: travelview; junge Frau lächelt: Syda Productions; kleines Mädchen mit Brille: Andrey Kuzmin; älterer Mann mit Brille: pathdoc; verletztes Kind: ia_64; Junge lacht: Hogan Imaging; blonde Frau lacht: puhhha; Mädchen lacht: karelnoppe; Mädchen mit Zahnspange und Zopf: sylv1rob1; Mann mit/ohne Bart: puhhha; rothaarige Frau: olly_sh)
29 s. S. 25 (Detail)
31 Marc Chagall (1887–1985), Noach entsendet die Taube, 1931, 63,5 × 47,5 cm, Gouache, Entwurf für die Chagall-Bibel, Inventar-Nr. MBMC21 © VG Bild-Kunst, Bonn 2018, Foto: © bpk/RMN – Grand Palais/Adrien Didierjean
32 M.: Adobe Stock/Monkey Business; v.l.o.i.UZS: Adobe Stock/rotschwarzdesign; Adobe Stock/grafikplusfoto; Adobe Stock/Friedberg; Adobe Stock/marko; Adobe Stock/Sergey Nivens; Adobe Stock/maximchuk
33 M.: Colourbox; v.l.o.i.UZS: Shutterstock/SpeedKingz; Adobe Stock/arborpulchra; Adobe Stock/ValentinValkov; Shutterstock/Anjo Kann; Shutterstock/Paul Prescott; Adobe Stock/Sergey Bogdanov; Adobe Stock/pressmaster; Shutterstock/David Muscroft
34 © OroVerde – Elke Mannigel
35 v.l.n.r.: © TransFair e.V; © Naturland e.V.
37 Dao Zi, MISEREOR-Hungertuch „Gott und Gold – Wie viel ist genug?", 2015/2016, 300 cm × 200 cm, chinesische Tusche und Acryl auf Xuan-Papier © MISEREOR
41 Marc Chagall (1887–1985), Jakobs Traum, 1960–1966, 28,5 × 32,5 cm, Pastell, Tusche und Bleistift auf weißem Papier, Inventar-Nr. MBMC159 © VG Bild-Kunst 2018, Foto: © bpk/RMN – Grand Palais/Gérard Blot
44 Ute Lakner, Durlangen
45 v.l.n.r.: akg-images/Bible Land Pictures/Z. Radovan; Adobe Stock/James Steidl
46 Ute Lakner, Durlangen
47 v.l.o.i.UZS: Shutterstock/ESB Professional; All mauritius images/Blend Images/JGI/Jamie G; Shutterstock/wavebreak-media
49 Paul Klee (1879–1940), Grenzen des Verstandes, 1927, Tempera auf Leinwand, 56,3 × 41,5 cm, © BPK/Bayerische Staatsgemäldesammlungen
54 „Hand Gottes", Fresko aus der Kirche Sant Climent in Taüll/Katalonien, um 1130, Foto: akg-images/Oronoz; Philipp Schönborn (*1943), Du bist mein geliebter Sohn, 1999, Neon auf Holz, 140 × 140 × 13 cm, Foto: Philipp Schönborn
56 v.l.o.i.UZS: Panther Media/Werner Münzker; Adobe Stock/Thomas Leiss; Fotofinder international/Blue Jean Images
58 v.l.o.i.UZS: shutterstock/udra11; Adobe Stock/Photographee.eu; VISUM/PANOS/Georgios Makkas
59 All mauritius images/Paul Pickard/Alamy
60 Cornelsen/Eva Czerwenka
63, 66, 68, 70 Dan Rubinstein (*1940), vier Bilder aus dem Zyklus von Glasfenstern in der Kirche St. Verena in Stäfa, Schweiz, 2003, © VG Bild-Kunst 2018, Foto: Michael Richter, Zürich
74 shutterstock/natushm; Adobe Stock/Ezume Images
75 F 1 online/Richard T. Nowitz Age
76 Adobe Stock/Rafael Ben-Ari
77 v.l.n.r.: All mauritius images/Miriam Reik/Alamy; Image Source/Isadora Getty Buyout; Interfoto/Granger, NYC
78 Ute Lakner, Durlangen
79 Duccio di Buoninsegna (ca. 1255–1319), Jesus beruft Petrus und Andreas, 1308–1311, Tempera auf Holz 43,5 × 46 cm, Tafel aus der Predella des sog. Maesta-Altares (Detail), Foto: Bridgeman Images/Samuel H. Kress Collection Board of Trustees, National Gallery of Art, Washington DC, USA
83 Die Heilung des Gichtbrüchigen (Mk 2,1–12), Buchmalerei, Echternach, um 1050, Goldenes Evangelienbuch Heinrichs III., 35 × 50 cm, Escorial, Codex Vitrinas 17, fol. 65r, Foto: akg-images
87 Rita Frind, Illustration zu „Der gute Vater und der verlorene Sohn" (1995) in: Die Bibel für den Unterricht in der Grundschule und in der Orientierungsstufe, ausgewählt und erläutert von Josef Quadflieg, Bilder von Rita Frind, Düsseldorf (Patmos) 1995, S. 181, © 2017 Cornelsen Verlag GmbH, Berlin
88 Agentur Bridgeman/Zev Radovan
89 o.: Colourbox; u.: Ludwig Rendle, Oberroth
92 Duccio di Buoninsegna (ca. 1255–1319), Jesus beruft Petrus und Andreas, 1308–1311, Tempera auf Holz, 43,5 × 46 cm, Tafel aus der Predella des sog. Maesta-Altares (Detail), Foto: Bridgeman Images/Samuel H. Kress Collection Board of Trustees, National Gallery of Art, Washington DC, USA
93 Fotos: Gerda Leismüller, Benediktbeuern
94 Duccio di Buoninsegna (ca. 1255–1319), Jesus beruft Petrus und Andreas, 1308–1311, Tempera auf Holz, 43,5 × 46 cm, Tafel aus der Predella des sog. Maesta-Altares (Detail), Foto: Bridgeman Images/Samuel H. Kress Collection Board of Trustees, National Gallery of Art, Washington DC, USA
95 Christel Holl, In Emmaus, 2017, DIN A4, Ölfarbe und Aryl, aus: Bildermappe RPP 1/2015, Nr. 17 © RPA Verlag, www.rpa-verlag.de
96 Adobe Stock/Reddogs; Adobe Stock/Robby Böhme
97 Ute Lakner, Durlangen
98 Köln, Dom, Südquerhausfenster, Lichtreflexe der Glasfenster von Gerhard Richter (2007), Ausführung und Aufnahme: Derix Glasstudios, Taunusstein
99 Foto: Ludwig Sauter © Verlag LUSA, Babenhausen
102/103 Margaretha Pawlischek, München

107 Ernst Barlach (1870–1938), Lesender Klosterschüler, 1930, Holz, Archiv Ernst Barlach Stiftung, Foto: Uwe Seemann
108 o.l.: F1online/Blend Images RF/REB Images; o.M. und u.r.: F1online/Blend Images RF
109 F1online /Blend Images RF/Hill Studios; Antonia Schlesinger, Ettlingen
110 Shutterstock/natushm
116 l.o.: Adobe Stock/emer; l.u.: Interfoto/Danita Delimont/Cindy Miller Hopkins; M.u.: Bridgeman Images/© British Library Board. All Rights Reserved; r.o.: Buchmalerei, spanisch, 1283, aus: „Buch der Spiele“ (Libros de Acedrex, Dados e Tablas) des Königs von Kastilien, Alfons X., der Weise (1252–1284), Buch 1, fol. 1 verso, Real Biblioteca del Monasterio de El Escorial, Madrid, Escorial, Foto: akg-images/Oronoz; r.u.: Zierseiten aus dem Dagulf-Psalter, Lorch, Worms, Metz und Aachen, vor 795 © ÖNB/Wien, Cod. 1861, fol. 24v–25r
117 o.l.: Setzkasten, rekonstruierte Gutenberg-Werkstatt, Mainz, Gutenberg Museum © akg-images; u.l.: Gutenberg-Bibel (Faksimile von Inc. 1511), Bd. 2, Bll. 190v/191r, © bpk/Staatsbibliothek zu Berlin; o.r.: Margaretha Pawlischek, München; u.l.: © Getty Images/Corbis Documentary
119 Jerry Zeniuk (* 1945), Altar Painting, 2002, 280 × 400 cm, Öl auf Leinwand, Museum Ludwig, Köln, Photo courtesy Rupert Walser, München
121 Christel Holl, Feuer des Geistes, 2008, Öl auf Blattgold auf Papier, 15,4 × 22,6 cm, Rastatt/Germany, Foto: © Beuroner Kunstverlag, D-88631 Beuron, www.klosterkunst.de
124 v.l.o.i.UZS: © Pfarre St. Othmar Mödling, Roland Dihanich; Shutterstock/Africa Studio; Isabella Friedrich, Limbach; Adobe Stock/S. Kobold
125 Fotos: Ernst Klimek, Herzogenaurach
126 v.l.o.i.UZS: All mauritius images/BDM images /Alamy; Cornelsen/Peter Wirtz, Dormagen; Foto: Klara Petto, Aufnahme vom 5. August 2014, alle Rechte bei: Erzbischöfliches Jugendamt München und Freising; © KNA/Harald Oppitz; Shutterstock/wideonet
127 v.l.o.i.UZS: Shutterstock/Martin Kucera; epd-bild/Rainer Oettel; epd-bild/Norbert Neetz; epd-bild/Norbert Neetz: epd-bild/Friedrich Stark
128 Katholische Kirche St. Johannes, Diesenbach, Foto: Achim Bunz Photography
129 Evangelische Kirche St. Johannes, Regensburg, aus: Notizen für den RU, hg. von Religionspädagogisches Seminar Regensburg, 2/1996
131 Hubertus Klingebiel, Benediktbeuren
135 © Atelier Merten/Dietrich, www.engel-der-kulturen.de
136 LOOK-foto/Photononstop
137 Fotos: imago/McPHOTO/Luhr/Moscheegemeinde des VIKZ in Bergisch Gladbach
139 v.o.l.i.UZS: Shutterstock/FS Stock; Shutterstock/Zurijeta; imago/ZUMA Press; Shutterstock/kamomeen; Your Photo Today/Paul Thuysbaert/Grapheast
141 Shutterstock/kamomeen; Wandfeld mit Kalligrafien in der Wazir-Khan-Moschee (begonnen 1634) in Lahore, Pakistan, Foto: akg-images/Roland and Sabrina Michaud
142 Shutterstock/MedineArt
144 v.l.n.r.: Adobe Stock/E. Schittenhelm; Adobe Stock/BillionPhotos.com; akg-images/UIG/Godong
145 M.: ddp images/Sebnem Koken/Shotshop; v.o.l.i.UZS: Interfoto/Granger, NYC; Adobe Stock/Stefan Gräf; All mauritius images/Miriam Reik/Alamy; aufgeschlagene Seite aus dem Koran, Mahmudiye-Moschee, Constanta, Rumänien, Foto: akg-images/Mel Longhurst; Adobe Stock/hochfeld
154 Hl. Petrus und Hl. Paulus, Italienische Schule, 15. Jahrhundert, Fresko, Chiesa di Santa Maria Maddalena, Gressan, Italien, Foto: Bridgeman Images
155 Adobe Stock/Chris Peters
156 Colourbox /ALLEKO
158 Bildagentur Schapowalow/Reinhard Schmid

## Texte

16 Fröhlich, Roswitha: Sieben Seelen, in: Hans-Joachim Gelberg (Hrsg.), Überall und neben dir, Beltz und Gelberg, Weinheim/Basel 1994
18 Haberhausen, Heribert: Geschichtenbuch Religion. Band 1, Patmos Verlag, Düsseldorf 1999
20 Biesinger, Albert/Bendel, Herbert/Biesinger, David: Gott mit neuen Augen sehen. Wege zur Erstkommunion. Familienbuch, Kösel-Verlag, München 1999
27 Pausewang, Gudrun: Universum im Universum, leicht gekürzt, in: Peter Musall (Hrsg.), Gottes Schöpfung uns anvertraut. Geschichten – Gedichte – Berichte – Bilder – Gebete und Lieder, Burckhardthaus-Laetare-Verlag, Offenbach/M. u.a. 1986, S. 37
34 Hesebreck, Birthe: Verantwortlich handeln – sich kümmern, Oro Verde. Die Tropenwaldstiftung, Online: www.oroverde.de
51 Mayer-Skumanz, Lene: Jakob und Katharina. Geschichten zum Lesen, Spielen und Weiterentdecken, Herder Verlag, Freiburg 1981 (Name mit Zustimmung der Autorin von Kathi in Katharina geändert)
54 Weisgerber, Johannes: Gott unendlich endlich, in: Johannes Röser (Hg.), Was sagt mir Gott? Was sag ich Gott? Jugendgebete und Gedanken, Herder Verlag, Freiburg 2006, S. 14
57 Haberhausen, Heribert: Wo ich Gott finde, leicht gekürzt, in: ders., Den Horizont erweitern. Kurzgeschichten für Schule und Gemeinde, Patmos Verlag, Düsseldorf 1996, S. 13ff.
59 Yousafzai, Malala/McCormick, Patricia: Malala. Meine Geschichte, S. Fischer Verlag, Frankfurt/Main 2014, S. 39f.
62 Franz von Assisi zugeschrieben; Barth, Karl: Zitat, in: ders., Die Kirchliche Dogmatik, Theologischer Verlag, Zürich 1940
93 Schülerzitate: Zu Besuch im Altersheim, zit. nach: www.neubergschule.de/index.php/projekte/sozialprojekt-altersheim (Abruf: 13.10.2017).
94 Kathi Stimmer-Salzeder, © Musik und Wort, D-84544 Aschau am Inn
118 Hahne, Peter: zit. nach: www.glaube-und-kirche.de/zitate_bibel.htm (Abruf 18.01.2018); Zydek, Gudrun: Komm, ich zeige dir den Weg! Unser Weg durch das Leben in inspirierten Schriften, Fouqué Literaturverlag, Offenbach a.M. 1999; Papst Franziskus: in: Bibel. Jugendbibel der Katholischen Kirche: neue Einheitsübersetzung, hrsg. v. Georg Fischer SJ, Dominik Markl, u.a., Youcat Foundation/Katholisches Bibelwerk, Augsburg/Stuttgart 2017, S. 6; Franz von Assisi zugeschrieben
140, 142 Sure 1, Sure 10,25 und Sure 14,33, leicht bearbeitet, nach: Der Koran. Arabisch – Deutsch. Übersetzt und kommentiert von Adel Theodor Khoury, Gütersloher Verlagshaus, Gütersloh 2004.
149 In der Klasse © Hermann-Josef Frisch, Overath; Unterwegs zu dir, in: Stehle, Emil L. (Hrsg.), Du, unsere Befreiung. Lateinamerikanische Gebete, Herder Verlag, Freiburg 1986, S. 94f.; Mit meinem Körper, in: Seeger, Hans-Karl, Der Sinn unserer Sinne. Tore zur Wirklichkeit, Butzon und Bercker, Kevelaer 1992 (mit Zustimmung des Autors Plural statt Singular gesetzt und Überschrift ergänzt).

Die Bibeltexte folgen der Einheitsübersetzung der Heiligen Schrift, vollständig durchgesehene und überarbeitete Ausgabe © 2016 Katholische Bibelanstalt GmbH, Stuttgart; aus didaktischen Gründen vereinfachte und kindgemäß bearbeitete Wiedergaben der Bibeltexte sind mit „nach“ gekennzeichnet; darüber hinaus wurde insbesondere für S. 7 (Gen 2,7) und S. 122 (Apg 2,44–47) herangezogen: Renate Günzel-Horatz, Meine Schubibel. Ein Buch für Sieben- bis Zwölfjährige, München u.a. (Kösel u.a.) 2003.